BASTEI
LÜBBE

Hans Herlin

Der letzte Mann von der ›Doggerbank‹

Authentischer Bericht
eines Dramas im Atlantik

BASTEI
LÜBBE

BASTEI-LÜBBE-TASCHENBUCH
Band 10 590

Lizenzausgabe: Gustav Lübbe Verlag GmbH, Bergisch Gladbach
Printed in Western Germany 1985
Umschlagfoto: Wz-Bilddienst, Wilhelmshaven
M. S. »Doggerbank«, ex »Speybank«;
das gekaperte engl. Schiff wurde als »Blockadebrecher« eingesetzt und sank am 3. 4. 1943 nach – irrtümlicher – Torpedierung durch U 43
Innenfotos: Archiv des Autors
Zeichnungen: Holger Majorahn, München
Einbandgestaltung: Roland Winkler
Gesamtherstellung: Ebner Ulm
ISBN 3-404-10590-7

Widmung

Für Fritz Kuert, Bootsmann,
stellvertretend für
die 364 Toten
der *Doggerbank*

Prolog

Am 16. Januar 1944 liegen die Stadt Genf und der See unter einer weißen, dunstigen Nebeldecke.

Gegen Mittag hat es zu schneien begonnen. In dichten Flocken treibt der Schnee über die Gleise des Gare du Cornavin. Auf dem Stationsschild sind nur noch die Buchstaben . . .êve zu lesen. Die Zeiger der Bahnhofsuhr verschwinden unter einem dicken Überzug von Schnee und Eis.

Männer und Frauen mit Rotkreuzbinden warten fröstelnd an zwei Holztischen. In hohen Aluminiumkannen dampft Kaffee. Schweizer Soldaten stampfen sich auf dem verharschten Schnee die Füße warm. Um 15 Uhr sollen die beiden Sonderzüge mit den Kriegsgefangenen eintreffen.

Wie bei jedem Austausch hat das Rote Kreuz die Schweizer Miliz, das deutsche und amerikanische Generalkonsulat verständigt: Die amerikanischen Kriegsgefangenen sind aus den verschiedenen deutschen Lagern nach Konstanz gebracht worden. Die in den USA gefangengehaltenen deutschen POWs sind an Bord der *Charles A. Stafford* über den Atlantik nach Marseille gebracht worden und dort in einen Sonderzug gestiegen.

Aus der Ferne kommt der Pfiff einer Lokomotive, hell und durchdringend; der Zug aus Konstanz. Durch den wirbelnden Schnee sieht man die dunkle Wagenreihe vor der Einfahrt stehen. Die Drähte entlang den Gleisen schütteln den Schnee ab, als das Haltesignal hochgezogen wird.

Zwei Männer in schwarzen, pelzbesetzten Ulstern reichen den Posten ihre Legimitation. Die Schweizer prüfen die Papiere der beiden deutschen Diplomaten mit kühler Höflichkeit. Als sie die Papiere zurückgeben, tun sie es mit einem Ausdruck von Neugier und Herablassung; sie können kaum verheimlichen, daß sie die beiden für Angehörige einer geschlagenen Nation halten. Die Amerikaner vorhin haben sie sehr viel freundlicher behandelt.

Der Bahnsteig erdröhnt, als der Zug aus Konstanz einläuft. An der Seitenwand des Tenders hat man den Schriftzug ›Räder müssen rollen für den Sieg‹ übermalt. Der größere der beiden Männer, ein Mann mit geröteter Haut und Schmissen im Gesicht, sagt: »Der Gegenzug muß jeden Augenblick kommen.«

Überall werden Türen aufgerissen. Amerikaner springen auf den Bahnsteig. Ihre Stimmen sind laut und ausgelassen. Sie bücken sich, formen den Schnee, bewerfen sich. Die Schweizer Posten treiben sie zurück, schließen die Türen. Frauen mit Rotkreuzbinden gehen mit ihren Aluminiumkannen und Pappbechern von Wagen zu Wagen.

Der Mann mit den Schmissen, die jetzt weiß sind in dem geröteten Gesicht, holt die Liste mit den Namen der deutschen Austauschgefangenen aus dem Ärmelumschlag seines Ulsters. Die Liste hat viele Seiten. Sie enthält 417 Namen. Auf der dritten Seite ist ein Name rot angekreuzt:

Fritz, Louis, August, Otto Kuert, geb. 7. Aug. 1918, Lünen, Westf. Staatsangehörigkeit: Deutsch. Bootsmann. Letzter bekannter Aufenthaltsort: Gefangenenlager Valley Forge, USA. POW 2000 NA.

»Das ist unser Mann. Wir haben keine nähere Personenbeschreibung, aber sie werden namentlich aufgerufen. Was wir brauchen, ist eine gute Aufnahme von ihm. Also halten Sie Ihre Leica bereit.«

»Was wollen Sie eigentlich in Deutschland von dem Mann?« fragt der Kleinere. Seine Kamera hängt auf seiner Brust. »Hat er drüben was ausgeplaudert?«

Aus dem Schornstein der Lok steigt dunkler Qualm. Eine Kupplung fällt mit einem harten Geräusch herunter. Die Lok fährt an. Auf den Trittbrettern stehen zwei bewaffnete Posten. »Er ist der einzige Überlebende eines Schiffes«, sagt der Mann mit den Schmissen zurückhaltend.

»Was für ein Schiff?«

»Die *Doggerbank.*«

Die Lokomotive verschwindet im Schneegestöber; man hört sie rangieren.

»*Doggerbank?* Gab es darüber nicht einmal eine Geschichte im Bum-Bum-Sender?« Was er meint, sind die deutschsprachigen Sendungen der BBC. »War das nicht dieser Blockadebrecher, der von unseren eigenen Leuten versenkt worden ist?«

Der Mann mit den Schmissen schlägt den Pelzkragen seines Mantels hoch. Er schweigt. Er geht den Zug entlang, dessen Scheiben sich zu beschlagen beginnen. Der Wind fegt den Schnee von den Wagendächern über den Bahnsteig.

Auf dem Parallelgleis ist der schneeüberkrustete Zug aus Marseille eingefahren. Zuerst werden die Schwerverwundeten aus dem Zug getragen, auf Bahren, tief in Decken gehüllt. Über ihren Mündern stehen kleine Atemwölkchen, als die Rotkreuzhelfer sie zu dem Zug mit den beschlagenen Scheiben tragen. Die amerikanischen Kriegsgefangenen haben den Zug verlassen, warten hinter einem über den Perron gespannten Seil. Schweigend verlassen die deutschen POWs den Marseiller Zug. Sie treten an den Tisch, an dem Vertreter des Roten Kreuzes ihre Namen auf einer Liste abhaken.

Zwei Gefangene nähern sich dem Tisch. Der eine ist schmal und blaß. Er hat eine tiefe, vernarbte Wunde an der Schläfe, den starren Blick eines Blinden. »Kürzinger«, sagt er, »Josef.«

Der andere, der ihn führt, trägt eine seltsame Fantasieuniform: Einen langen U-Boot-Mantel, einen dicken weißen Wollschal, die Mütze eines Kapitäns der Handelsmarine. Sein Gesicht ist eingerahmt von einem dichten Bart. Als er spricht, zeigt er fünf goldene Zähne: »Kuert, Fritz, Bootsmann.« Die ganze Art, wie er sich gibt und bewegt, ist trotz der seltsamen Uniform die eines Zivilisten.

»Weiter, der nächste!«

Der Mann namens Kuert führt den Blinden zum Zug zurück. Er hilft ihm das Trittbrett hinauf, reicht ihm seinen Koffer in den Gang. Als er selbst in der Tür ist, wendet er sich noch einmal um ... Er blickt erstaunt auf die beiden Männer in ihren dunklen Ulstern. Der eine hat die Kamera gehoben, eine Leica, drückt ab, transportiert den Film, macht eine zweite Aufnahme ... Kuert lächelt automatisch, so als finde er nichts seltsam an der Szene, an der Aufmerksamkeit, die man ihm schenkt. Er lächelt in die Kamera, sagt: »Kriege ich auch einen Abzug?« – Viele Jahre später wird ein Brief bei ihm eintreffen, anonym, ohne Absender. Der Brief wird einen Abzug der Fotografie enthalten, nichts weiter, nur das Bild von ihm und auf der Rückseite der Vermerk: *Gare du Cornavin, 16. Januar 1944* ...

Die beiden Männer in den dunklen, pelzbesetzten Ulstern gehen dem Ausgang zu. Hinter ihnen werden noch immer Namen aufgerufen. Ein Arbeiter geht den Zug entlang, schlägt mit einem langstieligen Hammer die Bremsen los.

»Und?« fragt der Hüne mit den Schmissen.

»Er schien es ganz in Ordnung zu finden, fotografiert zu werden. Er lächelte in die Kamera.«

Der Fahrer wartet draußen auf der Place du Cornavin bei dem Wagen mit dem CD-Zeichen. Zeitungsverkäufer rufen die Schlagzeilen der Abendausgaben aus. Die Gesichter der beiden Männer im Ulster versteinern:

»Durchbruch der Roten Armee im Weichselbogen!«

»Fortdauer der Ardennen-Abwehrschlacht ...«

Die beiden Diplomaten sitzen steif im Fond des Wagens. Sie sehen sich nicht an. Sie sehen hinaus auf die breiten, kandelabergesäumten Straßen der Stadt.

Als der Wagen in die Rue de Mont Blanc einbiegt, fährt die lange Wagenkette des Zuges aus der Halle und verschwindet in der grauen, dunstigen Luft ...

Die beiden Männer sitzen am Fenster des Zuges, jeder in seiner Ecke. Für einen Augenblick erscheint der See, verhangen im grauen Dunst.

»Links ist der See«, erklärt Kuert, der Mann in dem U-Boot-Mantel. »Grau in grau. Man sieht kaum etwas.« Er hat es sich angewöhnt, zu dem Blinden so zu sprechen, ihm alles zu erkären. »Hier müßte man ein Boot haben, im Sommer, das wäre eine Sache.« In den Abteilen des Wagens ist es ruhig. Selbst die unentwegten Kartenspieler – elf Tage hat die Fahrt über den Atlantik gedauert – haben aufgehört.

Manchmal kommt jemand durch den Gang. Sonst ist es still, bis auf das Geräusch des fahrenden Zuges. Auf der anderen Seite sieht man die dunklen Schatten der Berge.

»Stell dir vor! Heute abend bist du schon zu Hause«, sagt der Bootsmann Kuert.

»Möglich.« Josef Kürzinger stammt aus Radolfzell. Er ist dort Lehrer gewesen, vor dem Krieg. In Afrika hat ihn ein Granatsplitter getroffen; ein Wunder, daß er lebend in Gefangenschaft geriet; aber er wird für immer blind bleiben. »Willst du nicht mitkommen?«

»Ich muß erst diese Sache hinter mich bringen«, sagt Kuert. »Dann komme ich bestimmt. Vielleicht können wir ein Boot auftreiben. Ich werde dir das Segeln beibringen . . .«

Man merkt, daß es wenig gibt, was der eine nicht vom anderen weiß. Sie haben lange zusammen in Philadelphia im Hospital gelegen, in einem Saal, Bett an Bett. Kuerts Hände tasten nach dem Brotbeutel, den er um den Hals trägt. Es ist sein einziges Gepäck. Seine Hände haben tiefe Narben. Er beugt sich vor, als könne der andere ihn sehen. »Ich muß erst wissen, wie das passiert ist! Ich muß wissen, wer das war, der uns abgeschlachtet hat.«

»Du redest dich um Kopf und Kragen!« sagt der Blinde.

»Ich bin der einzige, der überlebte. Der einzige von dreihundertfünfundsechzig!«

»Das, was du vorhast, macht keinen von ihnen wieder lebendig.«

»Ich hab' es geschworen! Mir und den anderen habe ich es geschworen! Ich muß für sie reden. Ich bin der einzige, der es kann . . .«

Die Schatten werden länger. Langsam senkt sich die Dunkelheit in das Abteil. Um sie ist nur das monotone Rattern des Zuges. »Gib mir wenigstens das Tagebuch«, sagt der Blinde schließlich. »Bei mir ist es sicher.«

Sie hatten es zusammen geschrieben. Damals, als sie Kuert ins Hospital einlieferten, hatte er Josef seine Geschichte erzählt; der Lehrer hatte ihm den Rat gegeben, sie niederzuschreiben, alles, vom ersten Tag an.

»Sei vernünftig, Fritz! Die machen dich fertig.«

»So leicht macht mich keiner fertig.« Er kann sich nicht vorstellen, daß er je wieder Angst haben wird, nicht nach dem, was er erlebt hat. Dem Tod so nahe, hat dieser eine andere Bedeutung für ihn bekommen. Und da ist immer noch die Frage: Warum ich? Warum bin ich es, der überlebte, als einziger? Warum? Er holt die in eine Ölhaut eingeschlagene Kladde heraus. Er hält sie zögernd in den zernarbten Händen. »Versprich mir . . .«

»Ich gebe sie nicht aus der Hand. Ich hebe sie auf, bis du sie brauchst . . .«

Kuert legt die Kladde in den Koffer. Dann setzt er sich in seine Ecke. Es ist jetzt fast dunkel draußen. Die Deckenbeleuchtung brennt. Sie sprechen nicht mehr. Von Zeit zu Zeit zieht ein glühender Funkenregen am schwarzen Fenster vorbei . . .

Er erwacht erst aus seinem Halbschlaf, als der Lehrer ihn anstößt. Er fährt auf, trotz seines Mantels fröstelnd. »Wir sind doch noch nicht da?«

»Hör doch!« Auf dem Gesicht des Blinden erscheint ein Lächeln. Es liegt in den Augenhöhlen, um die toten Augen, die dadurch etwas von ihrer Starrheit verlieren.

Er hört Stimmen. Sie haben einen Ton, den er vergessen zu haben glaubte. Er öffnet das Fenster. Konstanz. Auf dem dunklen Bahnsteig wippen ein paar Lichter auf und ab. Er erkennt Feldgendarmerie an den Blechschildern auf der Brust.

Plötzlich steht einer von den ›Kettenhunden‹ vor ihrem Fenster. »Sie! Sie! Wahnsinnsheini! Mach das Licht aus!« Kuert zieht das Rollo herunter. Draußen sagt die bellende Stimme: »Von Verdunkelung haben die wohl noch nie was gehört.«

Eine andere Stimme antwortet: »Wird Zeit, daß wir die Jungs wieder auf Vordermann bringen.«

Kuert holt schweigend den Koffer aus dem Netz. In den Augenhöhlen des Blinden liegt noch immer das Lächeln.

»Wir sind wieder zu Hause«, sagt er.

Vierzehn Tage später führen zwei Marinesoldaten den Bootsmann Fritz Kuert in das Dienstzimmer des Admirals.

Es ist ein grauer Tag. Über den Hof der Kaserne in Buxtehude geht ein dichter Schneeregen nieder, verwandelt sich in dunkle Nässe, sobald er den Boden berührt. Hier ist die Seekriegsleitung der Oberkommandos der Marine untergebracht.

Kuert wartet auf dem Gang vor dem Dienstzimmer, während einer der Marinesoldaten meldet: »Bootsmann Kuert von der *Doggerbank,* Herr Admiral!«

»Herein mit ihm.«

Kuert tritt in den Raum, meldet sich.

Der Admiral weist auf den Stuhl vor dem Schreibtisch. Er nimmt dem Adjutanten den Ordner aus der Hand. »Ich rede allein mit ihm.« Er hat ungewöhnliche helle, wasserblaue Augen. Sein Haar ist weiß mit gelblichem Schimmer. Der Adjutant und der Posten verlassen den Raum.

Der Admiral beugt sich vor. »Wir wollen ganz offen miteinander reden«, er versucht, seiner Stimme einen jovialen väterlichen Klang zu geben, »und was hier gesprochen wird, das bleibt unter uns, klar?« Er schlägt den Ordner auf, glättet die Seiten. »Unangenehme Sache. Mir liegt daran, sie schnellstens aus der Welt zu schaffen . . .«

Kuert sagt nichts. Er blickt auf die Karte an der Wand im Rücken des Admirals, aber seine Gedanken sind woanders. *Die Säue haben uns abgeknallt!* denkt er, und dabei fällt ihm ein, daß es die ersten Worte waren, die Stachnovski hervorgestoßen hatte, als er ihn nach der Torpedierung aus dem Wasser fischte. – Aber Kuert spricht den Gedanken nicht aus. Hinter sich spürt er die Hitze des Kanonenofens. Seine Kehle ist trocken, wie zugeschnürt. Er sieht vor sich die breiten Ordensbänder auf der Brust des Admirals. Kuert hat das Verlangen zu schreien, hinauszuschreien , was er sich zurechtgelegt hat. Aber er kann seine Zunge nicht zum Sprechen bringen, er, ein kleiner, unwichtiger Bootsmann der Handelsmarine. »Es ist nur wegen meiner Kameraden, Herr Admiral . . .« Das ist alles, was er in seiner Aufregung hervorbringt.

»Wie alt sind Sie, Kuert?«

»Sechsundzwanzig.«

»Da laufen Sie in der Weltgeschichte herum, erzählen wilde Geschichten! Stellen dumme Fragen. Mann, Sie sind doch Soldat . . .«

»Ich war nie Soldat.«

»Wieso?«

»Ich bin bei der Handelsmarine. Wir sind unser eigener Verein, dienstverpflichtet für die Kriegsmarine.«

Der Admiral schüttelt den Kopf. In seiner Stimme ist zum erstenmal Ungeduld spürbar. »Wir sind alle Soldaten in dieser Stunde . . .« Er nimmt seine Brille, aber er setzt sie nicht auf, als er den Akt auf seinem Schreibtisch umblättert. »Wir haben den Fall damals genau untersucht.« Er sieht auf. »Wir haben den Verlust der *Doggerbank* zuerst nicht aufklären können. Dann kam die Nachricht, daß es einen Überlebenden gab – der spanische Tanker, der Sie aufgefischt und nach Aruba gebracht hatte. So erfuhren wir zum erstenmal von dem Verlust der *Doggerbank*.«

Kuert sitzt steif in seinem Stuhl. Er wartet. Er vergißt immer mehr, wo er ist. Er ist nicht mehr der Bootsmann Kuert, der Mann ihm gegenüber nicht mehr der allmächtige Admiral. Mehr als je zuvor ist er sich der Gegenwart seiner Kameraden bewußt, vor allem derjenigen, mit denen er zuletzt in dem Boot gewesen ist. Er fühlt, daß er an ihrer Stelle hier sitzt, als ihr Sprecher, als ihr Zeuge, als letzter und einziger Zeuge: für Schneidewind, den Kapitän, für Boywitt, den Fischer von der Kurischen Nehrung, für Stachnovski, der so stolz auf seine Reitstiefel gewesen war, für Jan Bahrend, den geschaßten Koch und großen Geschichtenerzähler, für

Waldemar, den Schiffsjungen, sechzehn erst und verliebt in eine japanische Prostituierte, für ...

»Wir haben das Datum überprüft«, hört er den Admiral sagen. »Am 3. März 1943 hat nur eines unserer U-Boote eine Versenkung gemeldet, U 43. Wir haben uns den Kommandanten nach Berlin kommen lassen. Bei einem Verhör haben wir feststellen müssen ...« Er unterbricht sich. »Was haben Sie?«

»Es stimmt also!« Kuerts Hände umklammern die Kante des Schreibtisches. »Es war also ein deutsches U-Boot! Sagen Sie mir den Namen. Wer war der Kommandant? Wer hat uns abgeschlachtet? Wie hieß der Kerl?«

Der Admiral ist grau geworden. Seine Stimme ist schneidend. »Ich denke, das wissen Sie! Das erzählen Sie doch in der ganzen Weltgeschichte herum!«

»Wir haben es geahnt, mehr oder weniger. Aber keiner von uns war sicher.« Kuert spürt, wie Zorn und Empörung und die Verzweiflung über den Tod der anderen ihm die Zunge lösen. »Wer war das Schwein? Wer hat uns drei Torpedos verpaßt und ist dann sang- und klanglos verduftet, hat uns abkratzen lassen, hat nicht einen von uns aufgefischt ...«

»Mann, reißen Sie sich zusammen!« Das Gesicht des Admirals erstarrt vollends. »Was nehmen Sie sich heraus! Sich hier aufzuspielen! Die Sache ist erledigt. Die Untersuchung hat ergeben, daß den Kommandanten des U-Bootes keine Schuld trifft. Es war ein Versehen. Bedauerlich, aber nicht zu ändern. Hören Sie, Kuert, ich gebe Ihnen einen guten Rat ...«

Während er dem Admiral zuhört, kommt ihm der Gedanke, daß sie beide von ganz verschiedenen Dingen reden. 364 Seeleute waren gestorben, elend zugrunde gegangen; erstickt, verbrannt, ertrunken; andere hatten, in aussichtsloser Lage, sich selbst getötet ... *Ein Versehen* ... war das alles? Ein Bericht, ein paar Seiten; eine Zahl, 364, eine Zahl in der großen Statistik. Und er soll schweigen?

Die Worte kommen über seine Lippen, ohne daß er weiß,

daß er sie spricht, ohne sich der Ungeheuerlichkeit der Situation bewußt zu sein: er, ein kleiner, unwichtiger Bootsmann, der von einem Admiral der Obersten Seekriegsleitung Rechenschaft fordert. »Deswegen sind also die Männer der *Doggerbank* krepiert. Aus Versehen! Reden Sie nicht um den heißen Brei herum. Rücken Sie heraus mit dem Namen . . .«

Der Admiral fährt mit einem Ruck in seinem Sessel auf. »Jetzt ist es genug!« Seine Stimme überschlägt sich. Er macht eine vage Handbewegung zu der Karte im Hintergrund. »Herrgott im Himmel! Das Schicksal unseres Volkes steht auf dem Spiel, und Sie besitzen die Unverschämtheit, an Ihren eigenen persönlichen Kram zu denken . . .«

Er redet weiter. Es wird eine lange Ansprache. Sie scheint nicht an den Bootsmann Kuert gerichtet, sondern an Hunderte von imaginären Zuhörern. Endlich setzt er sich, mit unbewegtem Gesicht. Er schlägt den Ordner zu. »Ich hätte gedacht, daß wir die Sache unter uns ins reine bringen könnten. Daß Sie für Ihre Kameraden eintreten, kann ich verstehen. Aber . . .« Er vollendet den Satz nicht. Er drückt auf den Klingelknopf. »Tut mir leid, Kuert, aber die Folgen haben Sie sich selbst zuzuschreiben . . .«

Sie führen ihn nach einer halben Stunde ab; keine Marine diesmal, sondern zwei in graugrünen Uniformen, zwei vom Sicherheitsdienst. Der Schnee fällt dichter über den Kasernenhof, aber er vergeht noch immer auf dem Boden. Ein paar Marinesoldaten bleiben stehen, sehen ihnen nach. »Nervös, Kumpel?« fragt einer der beiden.

Ihm ist nicht zum Reden. Das Gespräch mit dem Admiral erscheint ihm jetzt unwirklich, als habe es nicht stattgefunden. Vor allen Dingen: Es ist unwichtig; jetzt, das spürt er, jetzt geht es um Kopf und Kragen, das macht ihn hellwach. Und immerhin: eines wenigstens weiß er jetzt, die Nummer des Bootes. U 43. Es wird nicht schwer sein, den Namen des Kommandanten zu erfahren . . .

Das Büro, in das sie ihn führen, ist nüchtern, kühl und

fast leer. Der Mann hinter dem Schreibtisch weist schweigend auf den Stuhl. Der Kragen seiner Uniform steht offen, das Schweißband hängt heraus. Ein Koppel mit Pistole hängt über der Lehne des Stuhles. Auch er hat die zwei Buchstaben – SD – auf dem Uniformärmel, zwei Sterne auf den Schulterklappen.

Kuert kennt den Rang nicht; kein sehr hoher Rang. Aber der Rang spielt keine Rolle – es ist das Gesicht, das den Mann genügend ausweist. Der Ausdruck des glatten Gesichtes ist weder feindlich noch freundlich. Er scheint ein fast klinisches Interesse an dem Fall zu haben. Er sitzt einfach da und sieht Kuert an. Vor ihm auf dem Tisch liegt der Aktenordner, der vorher auf dem Tisch des Admirals gelegen hat.

Aus dem Nebenraum klingt das Geräusch einer Schreibmaschine. Es hört sich an, als tippe jemand mit zwei Fingern. Der mit den zwei Sternen steht auf und geht zur Tür. »Wie weit sind Sie?«

»Gleich fertig, Scharführer.«

»Bringen Sie es rüber. *Er* ist hier zum Unterschreiben . . .« Er kommt zurück und bleibt hinter seinem Stuhl stehen, sieht Kuert an. »Ich habe den Bericht studiert . . . sechsundzwanzig Tage in einem Boot auf dem Atlantik, ohne Proviant, ohne Trinkwasser – da muß einer schon zäh sein.« Seine Stimme ist wie sein Gesicht, glatt und ohne Gemütsbewegung. »Ich habe was übrig für zähe Leute.«

»Es war eine Jolle. Ohne Ruder, ohne Segel.«

»Soso. Und wann haben die Amerikaner Sie zum erstenmal verhört?«

»In Aruba.«

»Später nicht mehr?«

»Doch.«

»Was haben Sie ihnen erzählt?«

»Was ich erzählen konnte war nicht viel.«

»Aber es reichte aus, daß die Engländer in ihrem Bum-Bum-Sender von der *Doggerbank* berichten konnten, sie sei von einem deutschen U-Boot versenkt worden.«

Es ist das erstemal, daß Kuert davon hört. Er zuckt zusammen wie einer, der plötzlich sieht, daß er am Rande eines Abgrundes steht. Er antwortet nicht. Er ist auf der Hut, angespannt. Sein Selbsterhaltungstrieb funktioniert wieder; er hat ihm mehr als einmal das Leben gerettet.

»Zu Herzen gehend. Böses deutsches Nazi-U-Boot schießt die eigenen Landsleute in Grund und Boden. – Woher die Engländer die Geschichte wohl haben?« Er spricht, als erkläre er sich selber etwas. »Es gibt nur einen einzigen Überlebenden. Nur einen Zeugen. Also . . .«

Die Frage hängt vor ihm wie eine Schlinge; er braucht nur den Kopf hineinzustecken. »Sie werden sich die Geschichte zusammengereimt haben. So schwer kann das nicht gewesen sein. Vielleicht haben sie Funksprüche aufgefangen . . . *Ich* konnte es nicht erzählen.«

»Und wieso nicht?«

»Weil keiner von uns gewußt hat, daß es ein deutsches U-Boot war! Ich habe es erst hier erfahren – vor einer halben Stunde. Wir haben so was vermutet, ja, aber mehr war es nicht.«

»Und darüber haben Sie gesprochen.«

»Nein. Wer gibt schon gerne zu, daß einem die eigenen Leute drei Torpedos verpassen? So freundlich wurden wir nun auch wieder nicht von den Amerikanern behandelt.«

»Zäh – und schlau, wie? Aber der Bericht im Bum-Bum-Sender, der bleibt. Dem Feind Informationen geben, die er gegen uns verwenden kann – so kann man es auch auslegen. Das hieße Beihilfe zur Wehrkraftzersetzung . . . Es sind schon Leute für weniger gehenkt worden.«

Er hat die Stimme nicht gehoben. Sein Mund steht ein wenig offen, auf den Lippen liegt ein eingefrorenes Lächeln. Im Nebenraum ist das Geräusch der Schreibmaschine verstummt. Der Schreiber kommt herein und reicht dem Mann hinter dem Schreibtisch einige Bogen. Der SD-Mann legt sie fast achtlos auf den Schreibtisch. Er klappt den Deckel eines Tintenfasses auf, deutet auf den Federhalter. »Vielleicht unterschreiben Sie . . . so klug, wie Sie sind.«

Die Erklärung ist nicht lang. Er, Fritz, Louis, August, Otto Kuert, verpflichtet sich, hiermit über die Vorfälle bei der Versenkung der *Doggerbank* zu schweigen. Datum, Ort, ein paar Punkte für die Unterschrift.

Der Mann hinter dem Schreibtisch tut, als gehe ihn das alles nichts mehr an. Er knöpft sein Jackett zu, schnallt das Koppel um.

Kuert nimmt den Halter und unterschreibt.

»Den Durchschlag noch.« Der SD-Mann sagt es ohne jeden Triumph.

Kuert setzt seinen Namen auf das zweite Dokument. Ein Fetzen Papier, denkt er. Ich habe sechsundzwanzig Tage in dem Boot überlebt, ich werde auch das überleben.

Der SD-Mann löscht die beiden Unterschriften ab.

»Krieg' ich einen Urlaubsschein?« fragt Kuert.

»Wir brauchen Sie noch etwas, Kuert. Wir haben noch ein paar Fragen.«

»Das heißt . . .«

»Sagen wir Hausarrest«, kommt ihm der andere zuvor. »Sie sind mir ein bißchen zu schlau, Kuert, und Papier ist geduldig. Man hat uns Ihren Fall übertragen – und wir wollen sichergehen.«

Nach acht Tagen bringen ihn zwei Mann nach Wilhelmshaven, in die Jachmann-Kaserne. Er steht weiter unter Hausarrest; innerhalb der Kaserne kann er sich frei bewegen.

Auch hier die Verhöre durch den SD. Es geht wieder um die Sendung des Londoner Rundfunks. Immer die gleichen Fragen: Was haben Sie bei den Amerikanern ausgesagt? Wie konnten Sie wissen, daß es ein deutsches U-Boot war, das die *Doggerbank* versenkt hat? Mit wem haben Sie alles darüber gesprochen? – Es ist, als wollen sie ihm vor Augen halten, daß sie ihn in der Hand haben, wenn er nicht schweigt.

Kuert sinnt nur noch auf Flucht, und nach drei Wochen ergibt sich ganz überraschend eine Gelegenheit.

Am Abend hat es, wie so oft, Fliegeralarm gegeben. Kuert ist nicht zu bewegen, in den Bunker zu gehen. Das ist für

Landratten. Er ist durch und durch Seemann, und seine Erfahrung hat ihn gelehrt, daß man unter Deck eines Schiffes kaum Chancen hat: Die paar Sekunden extra, die man braucht, um bei Alarm an Deck zu kommen, sind meist der schmale Grat zwischen Überleben oder Sterben.

So hält Kuert sich bei Fliegeralarm immer in der Nähe der Tür auf. Dort spricht ihn ein Maat an:

»Sag' mal, Kumpel, ich wollte dich schon lange mal alleine sprechen. Du kanntest doch den Gernhöfer? Der war doch mit dir auf der *Doggerbank.*«

Der Maat ist ein Mann von über vierzig. Ein breites, wettergegerbtes Gesicht, vertrauenerweckend – aber Kuert schweigt. Genauso einen würden sie ihm auf den Hals hetzen, um ihm eine Falle zu stellen.

»Gernhöfer war ein Freund von mir«, fährt der Maat fort. »Wir kommen aus derselben Ecke.«

Kuert sagt nichts, überlegt noch. An diesem Morgen ist in den Nachrichten gekommen, daß die Amerikaner bei Remagen den Rhein überschritten haben. Er rechnet sich aus: Bald geht das große Türmen los! Die Straßen werden voller Streifen sein! Wenn, dann muß er seine Chance jetzt nutzen.

»Woher weißt du das – von der *Doggerbank?*« fragt Kuert vorsichtig.

»Ich habe Wind davon bekommen«, sagt der Maat. »Ich will gar nichts hören, verstehst du. Es ist nur – sieh mal, Kumpel, Gernhöfers Frau und seine Eltern, die leben hier in Wilhelmshaven.«

Kuerts Gedanke: Sie werden Zivilzeug haben. In der Uniform, in die man ihn gesteckt hat, hat er keine Chance. In Zivil, mit dem alten Seefahrtsbuch, das man ihm nicht abgenommen hat, kann sein Plan gelingen . . .

»Die haben nur 'ne kurze Nachricht bekommen«, sagt der Maat, »stand nur drin, daß es bei der Versenkung des Schiffes keine Überlebenden gab. Ich hab' dem alten Herrn von dir erzählt. Er möchte dich treffen.«

Das alte Mißtrauen ist wieder da.

»Deine Eltern – würden die nicht auch mehr wissen wollen, als in so 'ner Nachricht drinsteht?« sagt der Maat.

»Er war ein Freund von dir?« fragt Kuert.

»Wir sind zusammen gefahren!«

»Wo?«

»Auf der *Uckermark*.«

Uckermark – das stimmte, Gernhöfer war auf dem Schiff gefahren, aber auch das würden sie beim SD wissen.

»Ich stehe unter Hausarrest.«

»Hat sich herumgesprochen«, sagt der Maat, »aber das laß nur meine Sorge sein.«

»Also gut.«

»Halt dich morgen abend bereit.«

Die Zweifel kommen Kuert erst, als der Maat gegangen ist. Sie weichen den ganzen nächsten Tag nicht. Er bleibt allein, wird nicht zum Verhör geholt. Er liegt auf seinem Strohsack, fertig angezogen, horcht auf die Schritte auf dem Gang. Gegen acht Uhr abends kommt der Maat. Kuert folgt ihm schweigend. Es sind nur hundert Schritte über den Kasernenhof bis zur Hauptwache. Der Maat nickt den Wachen zu, dann sind sie draußen . . .

Das Einfamilienhaus liegt in einer Nebenstraße. Gernhöfers Frau und die Eltern sitzen im Wohnzimmer. Auf dem Tisch alle Bilder, die sie besitzen, die letzten Briefe, die er geschrieben hat. Sie zeigen Kuert stolz das Sofakissen, auf dem die Namen jener Schiffe, auf denen Werner je gefahren ist, mit bunten Fäden aufgestickt sind . . .

Kuert muß erzählen von der letzten Fahrt der *Doggerbank*. Er berichtet ihnen: von der Äquatortaufe, von der Ankunft in Japan. Von dem Aufenthalt in Yokohama, während das Schiff beladen wird. Von den Judostunden, die sie genommen haben. Von der Goldzahnplage: Fast die ganze Besatzung der *Doggerbank* hat sich in Yokohama Goldkronen machen lassen – als Kapitalanlage. Er zeigt ihnen seine fünf goldenen Zähne mit den eingravierten Drachenköpfen auf dem Gold.

Er redet von Ereignissen, die er schon fast vergessen hat. Er schmückt sie aus, alles nur, um nicht die Wahrheit sagen zu müssen ...

Die Frauen sitzen da, gefaßt scheinbar; doch die Beherrschung ist nur ein dünner Firnis über ihrer Verzweiflung; ein falsches Wort, und sie werden in Tränen ausbrechen.

Der Maat erlöst ihn endlich. Sie müssen gehen, sie müssen zurück sein, ehe die Wachen wechseln!

Gernhöfers Vater bringt sie hinaus. Er schließt die Tür hinter sich. »Und wie ist Werner gestorben?« Er steht da, weißhaarig, auf einen Stock gestützt. »Sagen Sie mir die Wahrheit, bitte.«

Er berichtet, nur das wichtigste, verschönt auch hier. »Werner war nach der Versenkung noch in dem Rettungsboot?«

»Ja, er war in unserer Jolle. Er war einer der ersten, die dann starben; vor Erschöpfung, Durst. Die ersten starben noch am leichtesten.« Kuert weiß, daß er nicht die Wahrheit sagt. Und er denkt die ganze Zeit: Du mußt ihn nach den Kleidern fragen.

»Ich wollte Sie um etwas bitten«, sagt er schließlich. »Ich bräuchte Zivil, Jacke und Hose. Ich werde Ihnen beides zurückschicken.«

Der Weißhaarige geht, auf seinen Stock gestützt, zu dem Wandschrank. »Nehmen Sie sich, was Sie brauchen. Sie haben fast Werners Figur. Die Sachen müßten Ihnen passen.«

Kuert nimmt ein Jackett, eine Hose. Der alte Mann bringt Papier, eine Schnur. An der Tür sagt er: »Mit denen ist nicht zu spaßen! Sieh zu, daß du wegkommst, Junge.«

Die Gelegenheit zur Flucht kommt drei Tage später. Kuert steht wie immer im Kaserneneingang, als die Bomber anfliegen, Wilhelmshaven bombardieren. Es ist der schwerste Angriff bisher. Er beobachtet die letzten Nachzügler, die über den Hof zum Bunker laufen.

Immer noch heulen die Sirenen. Scheinwerfer tasten die niedrige Wolkendecke ab. Plötzlich bellt Flak auf. In der Ferne fallen die ersten Bomben. Dann Luftminen; eine Serie von fünf Stück in unmittelbarer Nähe. Die Wucht der Explosion schleudert Kuert zurück.

Er rappelt sich auf, rennt durch die Gänge, in seine Stube. Er reißt den Koffer unter dem Feldbett hervor, zieht die Zivilsachen an. Er spürt den kalten Luftzug; unter seinen Schuhen knirscht das Glas der vom Luftdruck eingedrückten Fensterscheiben.

Er stopft die Uniform unter den Strohsack.

Die Minen haben das Hauptgebäude der Wache an der Hauptstraße glatt wegrasiert. In der Nähe brennt es. Der Widerschein des Feuers färbt die niedrige Wolkendecke rot. Noch immer fallen Bomben. Um so besser!

Er achtet auf nichts. Er rennt einfach los. Er hat nur ein Ziel: raus aus der Stadt, auf die Landstraße. Er wird von Männern mit blauen Luftschutzbinden angehalten; aber er rennt einfach weiter, keuchend, durch die brennenden Straßen . . .

Dann steht er auf einem freien Feld. Das Bellen der Flak ist verstummt. Hinter ihm ist der Himmel rot. Um ihn herum Nacht, plötzlich unheimlich still und drohend. Hoch über ihm die Motoren der abfliegenden Bomber . . .

Am Tag schläft er; in abgelegenen Heuschobern, Waldgehölzen. Nachts marschiert er, benützt nur kleine Landstraßen. Sein Ziel ist Hamburg.

In diesen Tagen der Flucht denkt er oft an die *Doggerbank*. Vielleicht ist es der Hunger. Vielleicht, weil er wieder allein ist, auf sich gestellt – wie damals, in der Jolle, als ihm nichts geholfen hatte als der Wille zu überleben . . .

Am Morgen des fünften Tages erreicht er Hamburg. Er vermeidet die Elbbrücken, setzt mit der Fähre 7 über. Er ist jetzt auf vertrautem Boden. Wie oft hat er hier auf Schiffen angeheuert. Er wartet die Dunkelheit ab, ehe er zu der alten Villa in der Sierichstraße geht.

Er hat Glück. Harry Purrmann – sie sind auf vielen Schiffen zusammen gefahren, sie sind gemeinsam auf der *Savona* abgesoffen, einem deutschen Transporter, der von einem englischen U-Boot torpediert wurde – Harry ist da, ein Seemann wie er, dem man vertrauen kann.

Aber Purrmann kann ihn nicht verstecken. Sein Schiff geht am nächsten Morgen. Der Hauswirt ist ein scharfer NS-Mann, ein Schnüffler. So geht Purrmann los, um jemanden zu finden, bei dem Kuert untertauchen kann.

Nach drei Stunden ist er zurück. »Ich habe das Richtige. Ein Maschinist. Will dich aber erst ansehen, ehe er sich entscheidet.«

Ein Vorort Hamburgs, Jungfrauenthal. Eine Wohnung im vierten Stock: Hugo Schulz, Maschinist, Seemann. Er sieht

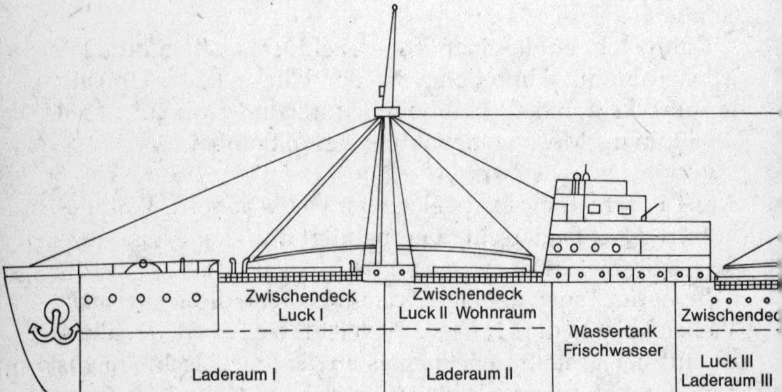

Die *Doggerbank* sollte als Blockadebrecher für das kriegführende Deutschland wichtige Rohstoffe aus Japan nach Europa bringen. Als ehemalige *Speybank* gehörte sie zu einer Klasse englischer Schiffe, von denen zahlreiche gleich aussehende Schiffe auf dem Atlantik fuhren:

sich Kuert an, stellt ein paar Fragen, nickt dann. Kuert kann bei ihm bleiben.

Sie richten für ihn ein Lager im Dachstuhl her. Fast jede Nacht Fliegerangriffe, aber er muß oben bleiben, darf sich nicht sehen lassen, kann seinen Verschlag nie verlassen.

Manchmal kommt ein junges Mädchen – es wird später seine Frau – und bringt ihm zu essen. Manchmal kommt der Maschinist, nur ein paar Minuten, bringt die letzten Nachrichten über den Vormarsch der alliierten Truppen . . .

Sonst ist Kuert allein, Tag und Nacht, Woche um Woche. Allein mit seinen Gedanken an das Schiff, die *Doggerbank,* ›mein Schiff‹, wie Stachnovski immer sagte.

Oft, in der Nacht, wacht er auf, verfolgt von seinen Alpträumen. Wenn er dann daliegt, sind alle um ihn . . .

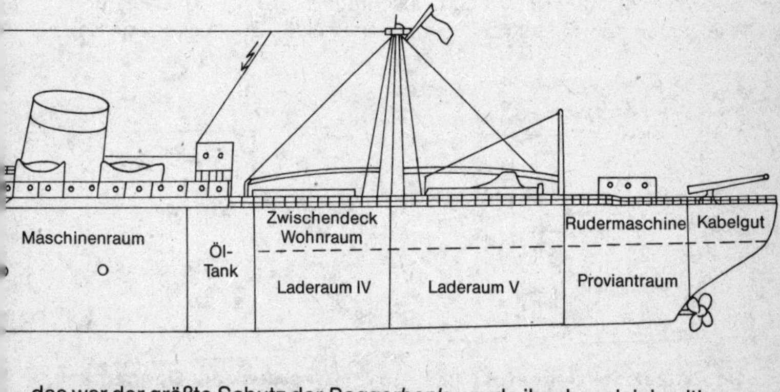

das war der größte Schutz der *Doggerbank,* wurde ihr aber gleichzeitig zum Verhängnis: das deutsche Schiff mit 365 Seeleuten an Bord wurde am 3. März 1943 »irrtümlich« von einem deutschen U-Boot versenkt. Es gab nur einen überlebenden Zeugen.

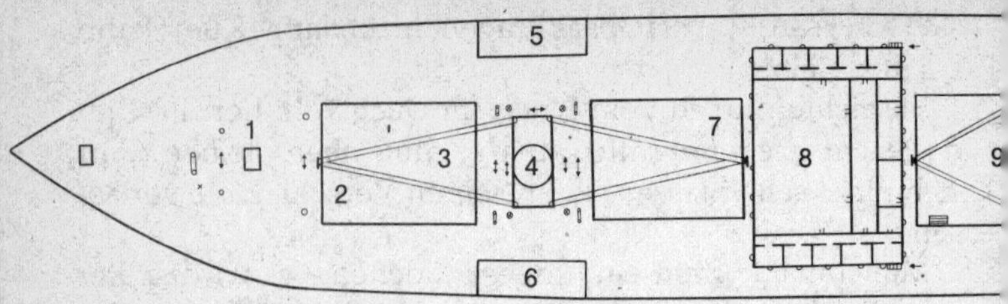

Peildeck der Doggerbank:
Niedergang zu den Mannschaftsräumen (1). Luck eins (2). Ladebäume (3). Mast eins (4). Kombüse (5). Waschraum (6). Luck zwei (7). Offiziersmesse (8). Luck drei (9). Kombüse für die Mannschaft (10). Schornstein (11).

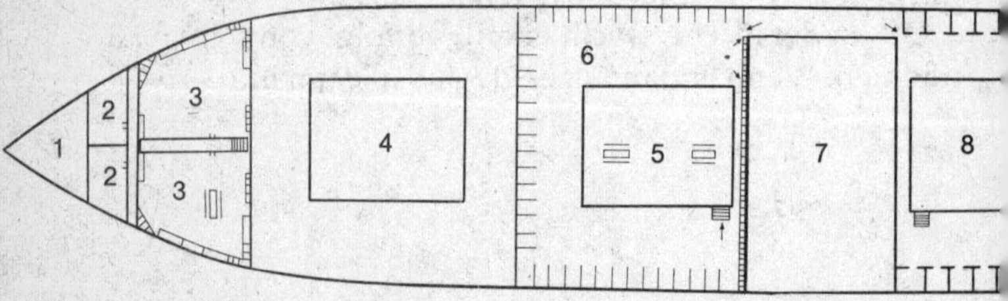

Zwischendeck der Doggerbank:
Ankerkettenkasten (1). WC und Waschräume (2). Logis für Deck- und Maschinencrew (3). Luck eins (4). Luck zwei (5). Doppelstöckige Kojen

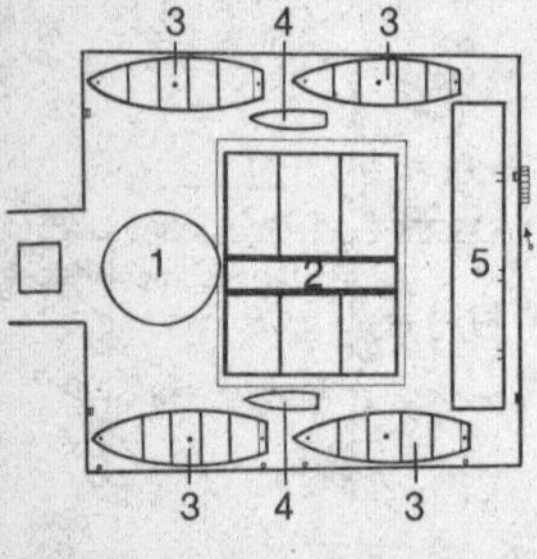

Bootsdeck der Doggerbank:
Schornstein (1). Maschinenscheinleit (2). Rettungsboote (3). Rettungsjollen (4). Funkraum (5).

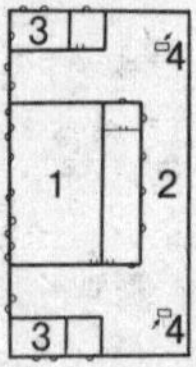

Oberdeck der Doggerbank:
Kapitänsalon und Speisesaal (1). Kapitänskabine (2). Passagierkabinen (3). Aufgänge (4).

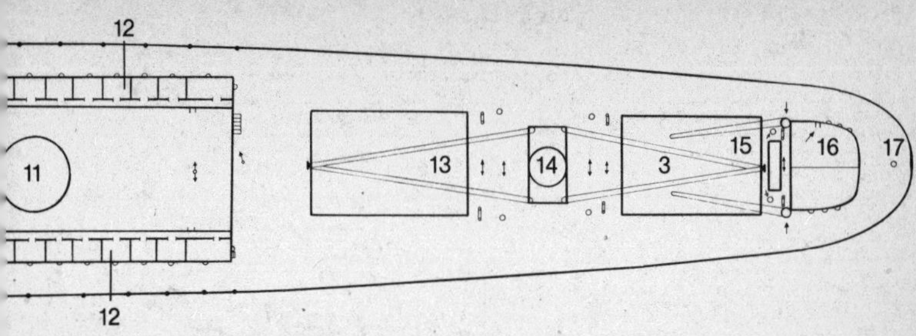

Kabinen der technischen Offiziere (12). Luck vier (13). Mast zwei (14). Luck fünf (15). Niedergang zu Rudermaschine und Kühlräumen (16). 10,5 Geschütz (17).

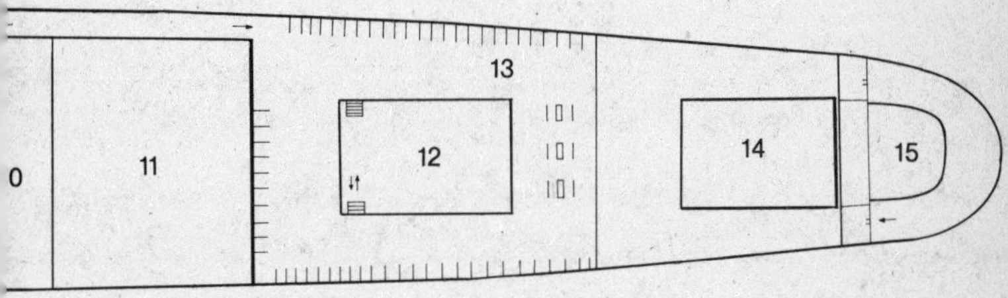

für 75 Mann (6). Frischwassertank unter der Brücke (7). Luck drei (8). Doppelstöckige Kojen für 28 Mann (9). Öltanks (10). Maschinenraum (11). Luck vier (12). Kojen für 120 Mann (13). Luck fünf (14). Rudermaschine (15).

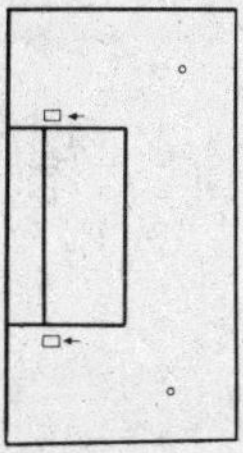

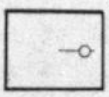

Brücke mit Kartenhaus und Ruderhaus

Peildeck

ERSTER TEIL

Das Schiff

1

Er hatte den Morgen nie vergessen, an dem er das Schiff zum erstenmal sah, mitten auf dem Atlantik. Und was für ein eigenartiges Schiff die *Doggerbank* gewesen war, ohne Namen, ein richtiges Gammelschiff.

Der Tag war der 23. Juni 1942, und der Treffpunkt hieß Nelke, 29 Grad Süd, 19 Grad West, südwestlich der Kapverdischen Inseln. Es war der Punkt, an dem die *Charlotte Schliemann*, ein Tanker, voll bis unter die Decks mit Öl, Ersatzteilen und Marketenderware – deutsche U-Boote und den Hilfskreuzer Michel – Schiff 28 – auf See versorgte. Dieser Treffpunkt bei den Kapverdischen Inseln an der Westküste Afrikas war ein vielbenützter Treffpunkt zwischen den ›Milchkühen‹, wie Tanker wie die *Charlotte Schliemann* genannt wurden, und Frontbooten, die auf hoher See operierten.

Der Bootsmann Fritz Kuert erinnerte sich an jede Einzelheit dieses klaren, windstillen Morgens: an die Farbtöpfe mit der mausgrauen Farbe, mit der sie gerade die Funkkabine der *Charlotte Schliemann* strichen, an das tiefe Blau der See mit ihrer langen Atlantikdünung und an den Augenblick, als das Schiff aus dem Dunst auftauchte, der wie eine dünne Gardine den Horizont verschleierte.

Die Freiwachen des Tankers standen an der Reling, als das Schiff in langsamer Fahrt auf sie zukam. Kuert hatte seine Arbeit unterbrochen, war zu den Ausgucks in der Back gelaufen. Sie beobachteten das Schiff durch ihre Gläser.

»Mensch«, sagte der eine, »was für ein vergammelter Kahn!« Kuert hätte ihn normalerweise um das Glas gebeten, aber er war wie ein Fremder auf der *Charlotte Schliemann,* kannte fast niemanden von der Besatzung. Er hatte den Tanker von dem Augenblick an, als er ihn betreten hatte, nicht gemocht.

Der ›vergammelte Kahn‹ kam jetzt schnell näher. Der Silhouette nach sah er wie ein Engländer aus, mit dem typischen, von vorne bis hinten ganz flachen durchgehenden Deck. Kuert konnte weder einen Namen am Bug entdekken, noch den Heimathafen am Heck. Aber da das seltsame fremde Schiff auf sie zukam und kein Alarm gegeben worden war, mußte der Kommandant der *Charlotte Schliemann* seine Ankunft wohl erwarten.

»Wirklich«, bestätigte der andere Ausguck, »ein richtiger Rattenfänger.«

Jedenfalls war das Gammelschiff dort lange unterwegs gewesen. Irgendwann einmal hatte das Schiff einen neuen grauen Anstrich bekommen, aber die alte Bemalung schien wieder durch: das Schwarz des Rumpfes, das Kanariengelb der Aufbauten . . .

Das Schiff stoppte; kaum zweihundert Meter entfernt von ihnen lag es in der langen Dünung. Kuert beobachtete, wie der Signalgast in der Nock des fremden Schiffes seine Flaggensignale herüberwinkte. Er hörte das Geräusch eines startenden Motors. Wenig später kam das Verkehrsboot hinter dem schwarzgrauen Bug hervor. In einem weiten Bogen zog es einen Strudel durch das blaue Wasser . . .

Kuert stand an der Gangway, als das Verkehrsboot an der Seite der *Charlotte Schliemann* festmachte. Sobald der Offizier des fremden Schiffes an Deck war, machte er sich an den Jungen heran, der im Boot geblieben war. »Sag mal, was ist das für ein Schiff?«

»Wir?« Er blickte zurück zu dem schwarzgelben Schiff. »Wir sind die *Doggerbank!*«

Kuert kannte sich aus bei Seeleuten. Und daran, wie der Junge sein Schiff ansah, wie seine Augen plötzlich aufleuchteten, merkte er, daß es ein gutes Schiff war trotz seines Aussehens.

Die Freiwachen, die um sie herumstanden, machten ihre abfälligen Bemerkungen über den Rattenfänger.

»Kein Deutscher?« fragte Kuert.

»Engländer«, sagte der Junge, »gekapert. Vor einem Jahr, von Schiff 16, Hilfskreuzer Atlantis, im Indischen Ozean . . . Frühere *Speybank*, jetzt *Doggerbank*. Jetzt heißen wir je nach dem *Stewbank, Leveybank, Inverbank.*«

Der Junge trug weiße Hosen, ein offenes weißes Hemd, die Uniform der Handelsmarine. Er hatte ein schmales Gesicht, helle Haut, hatte sich sicher noch nie rasiert. Schiffsjunge vermutlich, höchstens sechzehn.

»Auch andere von der Handelsmarine?« fragte Kuert.

»Die Stammbesatzung.«

»Schon lange an Bord?«

»Dies ist meine erste Reise.«

»Wer bereedert das Schiff?«

»Die Hansa.«

Kuert starrte wie gebannt auf das Schiff dort drüben in der Dünung. Er nahm das Bild in allen Einzelheiten in sich auf: die Brückenbauten, die beiden Masten, die Ladebäume, die Rettungsboote, nur zwei, das Geschütz in der Back, die Männer an der Reling.

»Wer ist der Alte?«

»Unser Käp'ten? Schneidewind.«

»*Paul* Schneidewind? Von der *Tannenfels?*«

»Schon möglich. Sind fast alles alte Felsfahrer an Bord.« Die *Tannenfels*, die *Geierfels*, die *Freienfels*, die *Reichenfels* – daher der Name ›Felsfahrer‹ – waren alles Hansaschiffe, Schiffe übrigens, auf denen Kuert früher gefahren war. Er wandte keinen Blick von dem Schiff. Er war versunken in seinen Anblick. Er sah es nun mit anderen Augen; es bekam in seinen Augen eine Schönheit, die sich nicht in Worten ausdrücken ließ.

»Euer Erster Bootsmann?« fragte er weiter.

»Karl Gaides ist unser Erster.« Der Junge blickte Kuert verwundert an.

»Wer hat die Ladung unter sich?«

»Der heißt Johnny Jahr.«

»Und der Koch?«

»Oh, rats«, entfuhr es dem Jungen, »unser Koch . . .«

»Jan Bahrend also! Der meistgeliebte und gehaßte Koch auf dem Atlantik. Kann immer noch kein Sauerkraut kochen, wie?« Kuert wartete die Antwort nicht ab. »Fehlen nur noch ›Papa‹ Boywitt und Perunie von unserem alten Verein. Perunie Stachnovski – aus Oberschlesien . . . Großer Kerl, die Schnute voller Mäusezähne.«

»Die sind alle an Bord!«

»Mensch, die ganzen alten Macker!« Der schwarzgelbe Rattenfänger war in seinen Augen wirklich das schönste Schiff, das er je gesehen hatte! »Und wie heißt du? Bist du der Moses?« Der Junge nickte. »Waldemar Ring. Ich bin der Schiffsjunge.«

»Hat Johnny Jahr noch kein Gedicht gemacht über dich?«

Der Junge errötete. »Doch.«

»Laß hören!«

»Als Moses . . .«, begann er und stockte.

Kuert, der Johnnys Gedichte kannte, vollendete: »Als Moses kam he tu us an Bord, als Stürmann geiht he wedder fort. – Hör zu, Waldemar! Du gehst sofort zu einem von ihnen. Am besten zu Gaides oder Johnny Jahr. Ich muß einen von ihnen sprechen! Sag' ihnen, dies hier ist ganz beschissen. Der beschissenste Job, den ich je gehabt habe, naßkalt und langweilig. Sag' ihnen, die Kameradschaft ist Scheiße. Ich gehe hier ein. Sie müssen das schaukeln, daß ich von diesem Kasten herunterkomme. I wish to hell to get out. Kapiert.«

»Ich werde es versuchen.«

»Und vergiß nicht zu sagen, daß es mir verdammt egal ist, was ich bei euch an Bord mache. Ich kratz' euch den ganzen Rost ab von eurem Eimer. Ich male das Schiff von Kopf bis Fuß neu. Wenn es sein muß, helfe ich Jan in der Kombüse – nur sollen sie mich hier runterholen!«

»Und was für einen Namen soll ich ihnen sagen?«

»Die Losung heißt: *Für Lire und Vaterland.*« – So hatten sie ihren ›Verein‹ getauft, damals, als sie gemeinsam Truppen und Kriegsmaterial von Italien aus nach Afrika an die Front schipperten – auf der *Freienfels* und *Geierfels*, zwei Schwergutschiffe, die an einem Tag von einem griechischen U-Boot versenkt worden waren – und ihre Heuer in Lire bekamen.

»Für Lire und Vaterland?«

»Ja, Junge! Und ich bin Signor Lire höchstpersönlich.«

Es war ihr Verein. Ein Verein ohne Fahne. Das waren sie, Männer der Handelsmarine, Seeleute, Zivilisten des Krieges, die wie Soldaten starben . . .

Eine Stunde später kam Johnny Jahr mit einem Boot; drei Stunden später wurde Kuert zum Zweiten Offizier der *Charlotte Schliemann* gerufen, der ihm eröffnete, daß Kapitän Schneidewind dringend einen Zweiten Bootsmann brauche und ihn, Kuert, beim Kommandanten angefordert habe. »Scheinen ja eine gute Nummer bei denen zu haben«, sagte der Zweite etwas säuerlich.

Kuert verkniff sich jede Erwiderung, wartete nur auf seine Papiere. Er war schon in der Tür, als der Zweite sagte: »Na, hoffentlich bringt Ihnen der Wechsel Glück. Hat 'nen komischen Namen, der Rattenfänger. Fragen Sie mal drüben.«

Er packte seine Sachen. Das wichtigste davon war ein selbstfabrizierter Rettungsgürtel. Er lag immer am Fußende seiner Koje bereit, ein breiter Gurt aus steifem Segeltuch, an dem ein Bootsmesser und eine Feldflasche hingen, die stets mit Rum gefüllt war. Nachdem wieder einmal einer der Truppentransporter, auf denen Kuert gefahren war – die *Savona* – im Mittelmeer versenkt worden war und er zwei Tage im Wasser trieb, ehe er gerettet wurde, hatte er den Gürtel entworfen, ihn selber genäht. Er hatte ihn zum Gespött der anderen auf der *Charlotte Schliemann* gemacht, aber das kümmerte ihn wenig: Er legte den Gurt jeden Abend an, bevor er sich schlafen legte, und er trug ihn immer, wenn es brenzlig wurde. Außerdem besaß er ein Paar Spezialschuhe, die er in einem Schuhkarton aufbewahrte.

Ein Schuster aus Sorrent hatte sie nach seinen Angaben gemacht; enganliegend, dünne Sohle, Juchtenleder; sie waren auch im Wasser kaum zu spüren.

Er schnallte den Gurt um. Er nahm seinen Koffer, den Schuhkarton und ging zur Gangway, um auf das Boot zu warten, das ihn holen würde ...

Das Motorboot dümpelte, als es durch die lange Dünung schnitt. Kuert stand breitbeinig in dem schwankenden Boot und duckte sich, wenn die Gischt ins Boot stob. Er sah sich nicht einmal um. Er sah nur auf die *Doggerbank*.

Sie warfen ein Tau und die Jakobsleiter über die Reling; er konnte es nicht erwarten: Noch ehe sie das Boot vertäut hatten, war er die Leiter hinaufgestiegen.

2

Sie waren alle zu seinem Empfang erschienen: Karl Gaides, Erster Bootsmann der *Doggerbank,* in Shorts, mit nacktem Oberkörper, ein wandelndes Museum der Tätowierungskunst; ›Perunie‹ Stachnovski, rötlich-blond, aber immer noch ohne Bart, der ihm einfach nicht wachsen wollte, bis auf ein paar dünne, kümmerliche Haare zwischen Unterlippe und Kinn; Jan Bahrend, der Koch mit deutscher und amerikanischer Staatsbürgerschaft, wie immer elegant in seiner schneeweißen, gestärkten Kochmütze; Karl ›Papa‹ Boywitt, ein Fischer von der Kurischen Nehrung, der sich wie immer still im Hintergrund hielt. Und viele andere, die er nicht kannte.

Ihre Gesichter hatten Ähnlichkeit mit dem Schiff; sie waren grau, die Gesichter von Männern, die lange unterwegs gewesen waren; unausgeschlafen und gezeichnet von der Erinnerung an die Nervenproben vieler Tage und Nächte ... Die *Doggerbank* oder Schiff 53 war ein Hilfskreuzer von 5154 Tonnen Wasserverdrängung.

»Oh, rats«, sagte Jan Bahrend. »Signor Lire himself! Du

hast uns gerade noch gefehlt. Wieder so ein Sauerkrautfresser. Goddamned shooting-gun!« Er strahlte dabei über das ganze Gesicht.

»Friitz!« Perunie Stachnovski aus Beuthen zog wie immer das i lang. Er packte Kuert bei den Schultern, drehte ihn herum, betrachtete den Rettungsgürtel: »Er ist es! Unser Friitz. Mit allem Drum und Dran.« Er sah die anderen bedeutungsvoll an. »Seit wann läßt man dich wieder auf ein Schiff?« fragte er. Die, die seine Anspielung verstanden, lachten.

Gaides trat vor, mit nacktem Oberkörper. Er stemmte die Hände in die Hüften, sagte mit verstellter Stimme: »Bootsmann Kuert, was wollen Sie schon wieder hier?« – Gaides ahmte die Stimme perfekt nach; eine Stimme, die jeder Mittelmeerfahrer der Handelsmarine kannte, die des Korvettenkapitäns Koch, von der Seetransportstelle Neapel.

Koch war für die Einteilung der Besatzungen verantwortlich. Ihn, Kuert, hatte er schließlich auf kein Schiff mehr lassen wollen, weil er damals allein innerhalb eines Jahres mit vier Schiffen abgesoffen war! Vier Schiffe, die entweder von feindlichen U-Booten torpediert oder von Fliegerbomben getroffen worden waren . . . Sie, die hier standen, waren Zeugen dieser Szene in der Seetransportstelle Neapel geworden, die Gaides ihnen jetzt vorspielte.

Gaides rang die Hände: »Sie kommen mir auf keinen Dampfer mehr, Bootsmann Kuert! Gehen Sie mir aus den Augen! Bei jeder Reise verlieren Sie Ihr Schiff. Ich will Sie hier nicht mehr sehen! Jedes Schiff, auf das ich Sie schicke, säuft ab . . .«

»Kein Schiiiff mehr für Sie, Bootsmann«, schrie Perunie. Dann umringten sie ihn, schüttelten ihm die Hände, begannen zu fragen. Und Kuert stand in ihrer Mitte, inmitten ihrer Worte, ihres Lachens und fühlte sich zu Hause . . .

Später erfuhr Kuert, was der Zweite Offizier der *Charlotte Schliemann* mit seiner Bemerkung gemeint hatte. Die Besatzung der *Doggerbank* nannte ihr Schiff den *Never-Come-Back-Liner.* Sie sagten es mit einem gewissen Stolz. Der

Name war eine Art Talisman, eine Beschwörungsformel. Sie dachten nicht im Traum daran, daß er Wirklichkeit werden könnte. Die *Doggerbank* war in den Augen ihrer Besatzung zu einer Legende geworden. Ein Glücksschiff, dem die tollkühnsten Aufträge gelangen, dazu mit einem Kapitän, Paul Schneidewind, der seinem Namen alle Ehre machte; ein Mann ohne jegliche Nerven scheinbar, immer wie aus dem Ei gepellt in seiner Uniform der Handelsmarine mit den vier Kapitänsstreifen – so als sei immer noch tiefster Friede und er stünde auf der Brücke eines jener schnellen Frachter der Hansa-Linie, die von Bremen nach Ostindien fuhren . . .

Am 27. Juni 1942 – vier Tage, nachdem der Bootsmann Fritz Kuert von der *Charlotte Schliemann* auf die *Doggerbank* übergewechselt war – erhielt Kapitän Schneidewind über Funk den Befehl, Japan anzulaufen.

Im August erreichte die *Doggerbank* Yokohama und ging in die Werft. Nach dem Umbau zum Blockadebrecher – Schiffe, die, mehr oder weniger unbewaffnet, die feindliche Abschirmung der Meere durchbrachen und für Deutschland kriegswichtige Dinge, vor allem Rohstoffe, transportierten – verließ die *Doggerbank* am 17. Dezember den japanischen Hafen. Die weiteren Stationen: 19. Dez. Kobe; 30. Dez. bis 5. Jan. 1943 Saigon; 7. 1. Singapur; 10. 1. Batavia. In all diesen Häfen nahm die *Doggerbank* ihre wertvolle Ladung an Bord: Fette, Öle, Edelmetalle, Rohgummi. Dann machten sie sich, tief im Wasser liegend, auf den langen und gefährlichen Heimweg. Ihr Ziel war der Hafen von Bordeaux, eine Reise von über 10000 Seemeilen.

Die *Doggerbank* umrundete das Kap der Guten Hoffnung. Sie schmuggelte sich erfolgreich durch die besonders gefährliche Meerenge bei Freetown und Natal, die ständig von alliierten Flugzeugen überwacht wurde.

Ende Januar wurde das Schiff von einer amerikanischen Liberator-Maschine überflogen. Die *Doggerbank* stoppte, um sich nicht durch ihr Kielwasser zu verraten; die englische Flagge wurde an Deck ausgebreitet – und wie so oft gelang die Täuschung.

Am 23. Februar 1943 geriet die *Doggerbank* in die Nähe eines großen Kampfverbandes alliierter Kriegsschiffe. Tagelang war der Äther voll von ihren Funksprüchen. Aber wieder hatte das Schiff Glück.

Das Schicksal schien die *Doggerbank* zu schonen, als wäre ihm der Tod durch den Feind nicht grausam genug ...

So kam der dritte Tag im März 1943. Die *Doggerbank* näherte sich den Azoren. Begünstigt durch gutes Wetter und günstige Meeresströmungen war das Schiff schneller vorangekommen als auf der Ausreise. Keine Mastspitze zeigte sich, kein Flugzeug. Das Meer war wie ausgestorben und von einem tiefen, strahlenden Blau.

3

Um 12 Uhr mittags hatten die Wachen auf der *Doggerbank* gewechselt. Die Männer hatten sich fast lautlos und ohne zu sprechen auf ihre Ausguckposten begeben.

Um 12.10 Uhr beugte sich der Vollmatrose Richard Binder über den Rand des Krähennestes am Mast 1, zwanzig Meter hoch über dem Deck.

»Alles ruhig, Kapitän!«

Seine Stimme scholl über das ganze Schiff, wo die Männer eine Sekunde wie erstarrt stehen blieben und sich dann weiterbewegten.

Seit sieben Tagen, seit sie den Äquator überschritten hatten, hatte der Topausguck nichts anderes gemeldet, aber jeder wußte, daß die Ruhe trog. Im Gegensatz zum Südatlantik war im Nordatlantik die Gefahr, von feindlichen Flugzeugen entdeckt zu werden, um ein Vielfaches größer.

Keiner wußte es besser als der Kapitän.

Paul Schneidewind stand seit Stunden auf der Brücke in der Steuerbordnock. Als er jetzt wieder durch sein Glas den

Horizont absuchte, konnte er den Gedanken nicht bannen, was stündlich passieren konnte. Erst wenige Tage zuvor hatte ein anderer Blockadebrecher, die *Friedberg*, den gleichen Weg gemacht. Das Schiff war 150 Seemeilen nördlich der Azoren von drei deutschen U-Booten aufgenommen worden, die die *Friedberg* nach Frankreich geleiten sollten. Die *Friedberg* war von einem alliierten Flugzeug 400 Meilen westlich der spanischen Küste entdeckt worden, und der Pilot hatte sofort einen britischen Kreuzer herbeigefunkt. Selbst die drei deutschen U-Boote hatten nicht verhindern können, daß die *Friedberg* zusammengeschossen wurde.

Ob Schneidewind davon wußte? Jedenfalls, die Gedanken an sinkende Schiffe, ertrinkende Menschen waren eine ständige Nervenqual für ihn, und sie hatten ihre Spuren in seinem vor Übermüdung und Anspannung ganz hohlen Gesicht hinterlassen. Er war Anfang Vierzig, aber er sah älter aus.

»Das Wetter wird sich nicht halten.« Langhinrichs, der Erste Offizier der *Doggerbank*, stand neben Schneidewind, zusammen mit den Signalgasten und Ausgucks.

Schneidewind ließ das Glas auf seine Brust sinken. Im Westen zogen ein paar helle, fedrige Wolken auf. Er nickte stumm. Um sie herum waren nur das tiefe Blau des Atlantik, die Unendlichkeit des Himmels und das Geräusch des am Schiff vorbeigleitenden Wassers.

»Was glauben Sie, Käp'ten«, sagte Langhinrichs, »wir sind jetzt ziemlich nahe bei den Azoren. Werden wir bald Begleitung bekommen?«

Sie näherten sich jetzt schnell dem Seegebiet, in dem ein deutsches U-Boot den Schutz des Schiffes mit seiner wertvollen Ladung übernehmen sollte. Es sollte die *Doggerbank* den besonders gefährlichen Weg durch die Biskaya bis nach Bordeaux begleiten, so wie es bei der *Friedberg* versucht worden war.

»Ich schätze, heute oder morgen«, sagte Schneidewind.

»Hoffentlich bald«, meinte Langhinrichs. »Ich werde langsam kribbelig.«

Schneidewind warf einen Blick auf das leere, weite Meer. Ihre einzige Chance war ihre pausenlose Wachsamkeit. Er was als Kapitän beliebt und respektiert wegen seiner unerschütterlichen Ruhe, weil er keine Rangunterschiede kannte, den jüngsten Moses genauso behandelte wie den Ersten Offizier, weil er großzügig war und dennoch Disziplin auf dem Schiff herrschte. Vor sieben Tagen hatte Schneidewind ein striktes Alkoholverbot erlassen. Er hatte die Ausgucks verstärkt und auf dem ganzen Schiff verteilt. Vier saßen allein im vorderen Mast. Es waren seine besten Leute. Er ließ sie statt vier alle zwei Stunden ablösen, und sie waren von jedem anderen Dienst an Bord befreit.

Schneidewind nickte den Männern zu. »Haltet die Augen offen.« Er trat ins Ruderhaus. Eine leichte Duftwolke umschwebte ihn, von dem Eau de Cologne, das er benutzte; es war seine einzige Eitelkeit, diese Vorliebe für französische Parfüms, gleichsam als wolle er damit einen Ausgleich zu dem asketischen Leben schaffen.

»Kurs Nord-Nordwest, 130 Grad«, meldete der Rudergänger in seinem breiten Oldenburgisch. Hans Hencke war ein Zwei-Meter-Mann, dabei spindeldürr.

»Wir halten den Kurs.« Paul Schneidewind führte die *Doggerbank* nicht ohne Absicht diesen Kurs – einen Kurs, den alle von Westafrika nach England fahrenden Schiffe nahmen. Aber er benahm sich nicht nur wie ein ›Engländer‹ – die *Doggerbank* war schließlich ein englisches Schiff, die ehemalige *Speybank*. Sie war 1926 gebaut worden, auf einer Werft in Glasgow. Die Werft hatte von diesem Typ über die Jahre hinweg siebzehn Schwester-Schiffe gebaut – Schiffe, die sich glichen wie ein Ei dem anderen. So konnte Schneidewind wenn notwendig jeden Tag den Namen seines Schiffes wechseln – und war immer gleich echt. Diese Tarnung war vollkommen, sie war ihr größtes Plus, und sie hatte ihnen viele Male das Leben gerettet . . .

»Wo is dat mit dem verdorichten U-Boot?« sagte Hencke. »Kommt dat nu bald?«

Schneidewind antwortete nicht. Er sah Männer im Dauerlauf über das Deck traben, mit angewinkelten Armen. Er verließ die Brücke und kam gerade zurecht, als die vier eine neue Runde begannen.

»He, Boywitt«, rief er, »kommen Sie mal her. Was soll das?« Die anderen drei kannte er nicht, es waren junge Kerle, kaum über achtzehn, von der Kriegsmarine, die in Yokohama seinem Schiff zugeteilt worden waren.

Boywitt war näher gekommen, ein Mann von Vierzig, dem man den alten Fischer von weitem ansah.

»Was soll das, Boywitt? Sie sind doch als Ausguck eingeteilt?« Die vier standen vor ihm, unter den offenen, durchschwitzten Hemden senkte und hob sich der Brustkorb.

»Kleiner Dauerlauf«, antwortete Boywitt. Sein Atem ging keuchend. »Zehnmal ums Schiff ... nach jedem Durchgang zwanzig Kniebeugen ... als Einlage ...«

»Wer hat das befohlen?«

Boywitt druckste herum. Auf seinem breiten Gesicht zeigte sich ein verlegenes Lächeln. Auch die anderen drei, die hinter ihm standen, schwiegen. Schneidewind sah die roten Narben von Verbrennungen auf ihren Körpern.

Am 30. November hatte es in Yokohama auf einem der im Hafen liegenden deutschen Schiffe, der *Uckermark,* eine schwere Explosion gegeben. Es hatte auf diesem Schiff und Schiff 10, *Thor* und der ›Nancking‹, 56 Tote gegeben, Hunderte von Verletzten. Die *Doggerbank* hatte vor dem Auslaufen alle Leichtverwundeten an Bord genommen, die meisten mit leichten Verbrennungen. Es waren über dreihundert. So kam es, daß die *Doggerbank,* die sonst eine Stammbesatzung von 109 Mann hatte, auf dieser Fahrt 365 Menschen an Bord hatte; eine zusätzliche Belastung für Kapitän Schneidewind.

»Heraus mit der Sprache!«

»Kapitänleutnant Fischer«, sagte Boywitt fast widerwillig.

Der Kapitänleutnant der Kriegsmarine war in Yokohama vom Schiff 10 an Bord gekommen. Er hatte sich bald den

Ruf eines Scharfmachers erworben, der die Leute an Bord der *Doggerbank* für einen disziplinlosen Haufen hielt und das auf seine Art zu ändern gedachte.

»Und warum?«

Boywitt sah an sich herunter. »Mein Hemd hing aus der Hose.«

»Ihr drei, was war mit euch?«

Sie sahen sich an, sagten aber nichts.

»Das gleiche«, sagte Boywitt.

»Also Schluß damit«, sagte Schneidewind. »Wie viele Runden hattet ihr?«

»Wir waren leider bei der letzten«, sagte Boywitt, immer noch schwer atmend.

Nachher, wieder in der Steuerbordnock, wandte Schneidewind sich an den Läufer: »Kapitänleutnant Fischer auf die Brücke!« Dann sah er wieder durch das Glas.

Über ihnen rief der Topausguck, der sich alle zehn Minuten meldete, wieder sein: »Alles ruhig, Kapitän.«

Es war 12.15 Uhr – eine Viertelstunde bis Auftauchen des U-Bootes.

Die Geschichte des Dauerlaufs war in wenigen Minuten im ganzen Schiff bekannt; aber die meisten waren alte Seeleute und als solche Fatalisten, die längst ihre Konsequenzen gezogen hatten: Fischer hatte vom ersten Tag an den Wilden markiert, und so ließen sich die Leute von der Stammbesatzung möglichst nicht an Deck sehen; sie ahnten nicht, daß dieser Umstand viele von ihnen das Leben kosten sollte!

Boywitt war in das Logis zurückgekehrt, die er mit Karl Gaides, Stachnovski, Jan Bahrend und Bootsmann Kuert teilte, achtern über der Rudermaschine.

»Hast du schon gegessen?« fragte Kuert.

Er war hier der jüngste von ihnen, mit fünfundzwanzig Jahren.

Boywitt schüttelte den Kopf. »Keinen Hunger.« Er lag dort, die Arme unter dem Kopf verschränkt, und starrte gegen die Decke. Sie nannten ihn nicht umsonst ›Papa‹ Boywitt; er war ein stiller, ruhiger Mann, verschlossen, in sich gekehrt. Morgens und abends betete er, vor seiner Koje kniend, so, als sei er allein; niemand hätte je gewagt, ihn deswegen zu verspotten.

»Ich bring dir 'n Schlag mit«, sagte Kuert.

Wie an jedem Samstagmittag gab es Sauerkraut, Rauchfleisch und Bratkartoffeln. Als Kuert mit den zwei Portionen zurückkam, drehte sich Stachnovski in seiner Koje um.

»Gib nur her!« Er streckte die Hand aus.

Kuert sah Boywitt fragend an. Der Fischer nickte. »Gib's ihm ruhig.«

Stachnovski begann sein Essen herunterzuschlingen. Er stellte den Teller auf den Boden, neben den anderen, der dort schon stand. Er war immer hungrig, so viel er auch aß, und dabei blieb er immer dürr.

»Damned Sauerkraut, I hate it!« Jan Bahrend schob die Blechteller angewidert mit dem Fuß zur Seite. »Verdammte Krautfresser, nothing but damned Krauteaters!«

Wie andere Seeleute ihr Deutsch mit amerikanischen Brocken mischten, so sprach Jan Bahrend ausschließlich Amerikanisch mit deutschen Brocken. Er hatte dreißig Jahre seines Lebens in Amerika verbracht, besaß die amerikanische Staatsangehörigkeit, hatte in der US-Army gedient und hatte sich – als Endfünfzigjähriger, was er freilich nie zugab – bei Ausbruch des Krieges auf abenteuerliche Weise nach Deutschland durchgeschlagen.

»You'll eat Sauerkraut als Henkersmahlzeit . . .«, begann Jan wieder.

Boywitt bekam plötzlich ein starres, graues Gesicht. »So redet man nicht«, sagte er, wie immer ernst.

»Oh, shit, I tell you, ihr werdet Sauerkraut fressen als Henkersmahlzeit, on this damned grey liner. Der Sachse wird's euch kochen . . .« Er band sich das weiße Schweißtuch neu, das einzige Zeichen seiner alten Würde als Koch der *Doggerbank.*

»Fangt ihr schon wieder an?« sagte Gaides. »Könnt ihr denn von nichts anderem reden.« Er lag mit nacktem Oberkörper auf seiner Koje, ein weißer Verband bedeckte noch immer die Narbe von der Blinddarmoperation. Er war in Japan operiert worden, und die Wunde war wieder aufgebrochen.

Bis Yokohama war Jan Bahrend Koch der *Doggerbank* gewesen. Er war ohne Zweifel ein guter Koch; hatte in New York ein Restaurant besessen – Gaides, der Bootsmann, war drüben gewesen und konnte es bezeugen. Die Tragik war, daß Bahrend nur aus dem vollen wirtschaften konnte: Er war von Anfang an mit den kargen, genau berechneten Zuteilungen auf einem Schiff wie der *Doggerbank* nicht klargekommen. Er hatte einfach drauflos gewirtschaftet, einen großartigen Speiseplan vorgelegt; ein paar Wochen gab es an Bord die tollsten Dinge, dann stand er praktisch vor dem Nichts, waren sämtliche Vorräte verbraucht . . .

Schneidewind hatte ihn als Koch abgelöst, weil die Besatzung meuterte, und Bahrend fuhr seither als Matrose. Wenn Schneidewind ihm auch seine Heuer als Koch beließ, so war die Absetzung doch ein Schock für Bahrend gewesen; es hatte seinen Stolz tief verletzt.

»I promise you«, sagte Jan, »wenn wir nach Bordeaux kommen, dann werd' ich euch ein Essen zaubern! Dreizehn Gänge. That's a promise.«

»Dreizehn Gänge!« stöhnte Stachnovski. »Heilige Maria! Seit wann haben wir nicht mehr dreizehn Gänge gegessen.« Er griff sich in die wirren, nicht gekämmten, rötlichen Haare. »Wißt ihr noch, in Yokohama . . .«

Eine Weile schwelgten sie in Erinnerungen: die Rikschas am Hafen. Sie alle dicke Zigarren rauchend. Jan, der darauf bestanden hatte, daß sich jeder von ihnen einen Frack lieh. Das *New Grand Hotel*, dreizehn Gänge. Und der Morgen danach, als sie nur noch ein Sen-Stück hatten, gerade ausreichend für den Automaten im Puff, wo es, wenn man 6000 Punkte an dem Flipper machte, einen heißen Whisky gab.

»In Bordeaux, I'll start with . . .«

»Heilige Muttergottes von Tschenstochau«, sagte Stachnovski, »hört auf, vom Essen zu reden!«

Er war zu Gaides an die Koje getreten. Stachnovski trug Juchtenreitstiefel, die er aus Japan mitgebracht hatte, einen grünen Janker über der nackten Brust, auf der nur noch schwach die Tätowierung eines Schiffes zu sehen war.

»Der Schit, den der Friitz mir gemacht hat«, sagte er, »der hält einfach nicht. Nach drei Wochen ist der weg.« Er starrte bewundernd auf die Tätowierungen auf Gaides Oberkörper, ein wahres Tätowierungsbuch: Quer über die Brust steamte ein mächtiger Dampfer. Den Rücken zierte ein Kreuz, hinter dem schwach das Gesicht einer Krankenschwester hervorkam; eine Schlange ringelte sich um den rechten Arm. Auf dem linken hatte er sich ein ›Seemannsgrab‹ tätowieren lassen . . .

»Der das gemacht hat, ist ein Künstler«, sagte Stachnovski. Er stand dort, hingerissen. Die Mäusezähne, die ihn einst ausgezeichnet hatten, waren verschwunden. Er hatte den ganzen Mund voller Goldzähne, die vorderen graviert mit Drachen- und Löwenköpfen . . .

Auch darin war Gaides der Leader gewesen: Er hatte sich die gesunden Zähne leicht abschleifen und Goldkronen darübersetzen lassen; ›Kapitalanlage‹ für Notzeiten.

»Der Friitz, der Stümper, der kann nicht mal mein Schiff.« Wenn Stachnovski von der *Doggerbank* sprach, sagte er immer nur »mein Schiiff«, in seinem oberschlesischen Dialekt.

»Ich werd' euch anständigen Ruß besorgen«, sagte Gaides, »ihr nehmt den falschen.«

Da es an Bord keine Tusche gab, hatte Kuert die Tätowierung auf Stachnovskis Brust mit Ruß gemacht. Am Anfang sah es ganz ordentlich aus, aber nach drei Wochen begann es zu verblassen.

»Vor Bordeaux mußt du noch mal ran«, sagte Stachnovski.

»Bordeaux«, sagte Bahrend, »I would not be so damned sure, that you see it again . . . Hat einer von euch den Fudschijama gesehen, als wir ausliefen?«

Keiner sagte etwas. Sie sahen ihn an, wie er dort saß,

seine Pfeife stopfte, groß und hager, schon mit dichten grauen Schläfen und etwas hängenden Backen.

Man wußte bei ihm nie, woran man war, wenn er seine Snacks erzählte. Sein Ruf als Geschichtenerzähler war legendär auf allen Schiffen, und meist waren es düstere, unheilvolle Geschichten, die alle damit endeten, daß ihr Schiff beschossen, torpediert und versenkt würde. An Deck schnappte er sich vornehmlich junge, unerfahrene ›Lords‹, ging mit ihnen an die Reling, zeigte auf das blaue Meer zu einem imaginären Punkt und sagte: »You see him? Der wartet schon auf uns!«

Trotzdem waren seine Geschichten beliebt, besonders die aus seiner Zeit in den USA; oft hörten sie ihm stundenlang zu, wenn er erzählte, alles mit todernstem, melancholischem Ausdruck auf dem Gesicht, so daß niemand je sicher war, ob er gerade schwindelte oder nicht. Aber das war nicht wichtig. Die ›Lords‹ liebten seine Geschichten, und sie waren bereit, für eine halbe Stunde eine Zigarre zu bezahlen, und meist kam es so, daß alle Zigarren, die an Bord im Umlauf waren, am Schluß bei Jan Bahrend landeten.

»You know, what the Japs say«, fuhr er jetzt fort. »Siehst du beim Auslaufen den Heiligen Berg, dann kehrst du zurück von der Reise. Did you see him?«

Sie schwiegen betroffen. Sie spürten plötzlich die heiße, verbrauchte Luft in der Kabine.

»Du machst mich noch ganz krank mit deinem Gerede«, sagte Gaides nervös.

»Ich hab' den Fudschijama nicht gesehen«, sagte Bahrend ungerührt. »Nichts hab' ich gesehen von ihm beim Auslaufen. Did you?«

Das ständige monotone Geräusch der Schiffsmaschine änderte seinen Rhythmus.

»Oh, rats«, sagte Bahrend, »This bloody war.«

Plötzlich war der enge Raum erfüllt von dem schrillen Lärm der Alarmanlage ...

4

Im Laufen schnallte Kuert sich den Rettungsgürtel um. Das Alarmsignal gellte in seinen Ohren, als er an Deck kam.

Er sah Kapitän Schneidewind und die anderen Offiziere in der linken Brückennock stehen, die Gläser nach Steuerbord gerichtet. Er selbst konnte nichts entdecken auf der spiegelnden Wasserfläche.

Als die Sirene verstummte, hörte er die Stimme des Ausgucks im Krähennest: »Zehn Grad Steuerbord, Kapitän. Kann es nicht genau ausmachen ... Kleines Fahrzeug, keine Rauchwolke.« Fast ohne Fahrt glitt die *Doggerbank* durch die See. Von der Brücke aus war noch nichts zu entdecken. Schneidewind wandte sich an den Dritten Offizier. »Sehen Sie mal nach, Heuer!« Heuer war der Mann mit den anerkannt besten Augen an Bord. Die Männer auf der Brücke sahen dem Dritten Offizier nach, wie er den Mast hochkletterte, sich in das Krähennest schwang und von dort noch weiter in den Bootsmannstuhl stieg, der noch zwei Meter höher lag und die Sicht über 800 Meter vergrößerte.

Alle warteten voller Anspannung. Die *Doggerbank* glitt leise dahin. Dann kam Heuers Stimme aus der Höhe, vor Aufregung heiser: »Käp'ten, kann ein U-Boot sein. U-Boot oder kleineres Fahrzeug.«

Von der Brücke war es anscheinend noch immer nicht auszumachen, und Kuert sah nichts als das flimmernde Wasser.

»Macht keine Fahrt«, meldete Heuer, »liegt gestoppt. Kann es schlecht ausmachen ... aber scheint ein U-Boot zu sein.«

Langhinrichs sah Schneidewind fragend an. »Was meinen Sie, Käp'ten, ob das *unser* Boot ist?«

Schneidewind sah über das Deck des Schiffes, und was er sah, beruhigte und befriedigte ihn, zeigte es ihm doch, wie verläßlich und eingespielt seine Besatzung war: Im Heck hatte Gernhöfer seine Kanone klargemacht; die beiden

Zwei-Zentimeter-Vierlingsgeschütze zu beiden Seiten der Brücke waren besetzt. Eine andere Gruppe war dabei, die Rettungsboote loszulatschen.

Er gab dem Läufer einige Befehle für den Rudergänger. Er führte das Schiff in einem weiten Bogen näher an das U-Boot heran. Sie kamen direkt aus der Sonne, und sie sahen das Boot jetzt auch von der Brücke durch ihre Gläser.

»Die scheinen zu schlafen«, sagte Langhinrichs. Er warf einen Blick zum Heck, wo das Rohr der 10,5-cm-Kanone jetzt auf das U-Boot gerichtet war. »Wir könnten sie glatt fertigmachen.«

Kapitänleutnant Fischer, der in die Nock gekommen war, sagte: »Gar kein Zweifel, es ist ein deutsches Boot. Ich kenne den Typ genau!«

Auf dem U-Boot rührte sich nichts, es lag dort, glitzernd in der Sonne, wie verlassen.

»Lassen Sie die vereinbarten Erkennungssignale setzen«, befahl Schneidewind schließlich.

An Mast 2 ging die Reichskriegsflagge hoch, vorn am Steven ein schwarzer Ankerballon. Vom Funkraum bis zum Mast 2 wurde eine Manilatrosse gespannt und im Abstand von je zwei Metern mit acht roten Feuerwehrschläuchen behängt . . .

»Verstehen Sie das, Käp'ten?« Langhinrichs blickte zurück in die hochstehende Sonne. »Ob die uns wirklich nicht entdeckt haben?« Die Männer auf der Brücke ließen das U-Boot nicht aus den Augen.

Schneidewind wandte sich an den Signalgasten. »Die Morselampe.«

Der Signalgast brachte die Morselampe. Schneidewind hing sie sich um. Er spürte, wie alle ihm nachsahen, als er damit auf das Peildeck stieg. – Diese alte Morselampe gehörte zur Legende von der *Doggerbank.* Schneidewind hatte englische Kreuzer damit geblufft, die ihn aufgefordert hatten, zu stoppen und sich zu erkennen zu geben:

What ship?

British Inverbank from NY bound for Durban.

So hatte er immer wieder geblufft: neutrale Frachter, britische Kriegsschiffe, selbst tieffliegende feindliche Erkundungsflugzeuge. Paul Schneidewind hatte das Schiff einen ganzen Tag lang als ›Engländer‹ in einem britischen Geleit mitfahren lassen, in das er eines Morgens unversehens geraten war.

Schneidewind hatte auf die gleiche Art, als ›Engländer‹ getarnt, ein großes seemännisches Kunststück fertiggebracht: Er war mit dem Schiff durch die schweren Bewachungen bis vor die Reede von Kapstadt gelaufen und hatte während einer Nacht diesen wichtigen alliierten Nachschubhafen durch Minen auf Monate hinaus unsicher gemacht . . .

Schneidewind nahm die Lampe fast liebevoll in die Hand. Er funkte auf englisch:

WAS IST MIT IHNEN LOS
HABEN SIE MASCHINENSCHADEN
KÖNNEN WIR IHNEN HELFEN

Das verriet nichts.

Von dem U-Boot kam keine Antwort.

Schneidewind spürte die Blicke der anderen. Daß ihm seine Männer so bedingungslos vertrauten, vergrößerte nur das Gefühl der Verantwortung. Dreihundertfünfundsechzig Menschen! Nur vier Rettungsboote, dazu vier Flöße. Er dachte es nüchtern, ohne Panik. Aber er war beunruhigt durch ein Gefühl der Furcht, das ihm fremd war. Welche Entscheidung er immer auch traf, er konnte sie nur allein treffen. Eine Rückfrage über Funk bei der für ihn zuständigen I. Seekriegsleitung war unmöglich: Die Briten und Amerikaner hatten entlang der gesamten afrikanischen Küste ihre Peilstationen und waren in der Lage, den Standpunkt eines funkenden Schiffes innerhalb weniger Minuten mit tödlicher Genauigkeit einzupeilen.

Schneidewind fragte sich, ob dies die Fahrt sei, wo sein sprichwörtliches Glück ihn im Stich lassen würde.

Auf der Brücke reichte er dem Signalgasten die Morselampe. Dann wandte er sich an den Rudergänger: »Kurs

Nord-Nordwest, hundertdreißig Grad.« Es war ihr alter Kurs.

Hencke wiederholte den Befehl. »Ruder liegt an.«

»Halbe Kraft voraus.«

Der Maschinentelegraph klingelte, und das Geräusch der Maschinen bekam einen anderen Klang.

Schneidewind trat in die Nock hinaus. Es war jetzt 13 Uhr. Eine halbe Stunde war vergangen, seitdem sie das U-Boot zum erstenmal gesichtet hatten.

»Ich halte jede Wette«, sagte Fischer, »es war ein deutsches U-Boot.«

Schneidewind sah ihn an, als versuche er, sich an etwas zu erinnern. »Übrigens«, sagte er, »dies ist ein Schiff und kein Kasernenhof. Lassen Sie meine Leute in Ruhe!« Es war ungewöhnlich, wenn Schneidewind so etwas sagte.

Er wandte sich an Langhinrichs: »Die Leute bleiben auf Gefechtsstation.«

Er nahm sein Glas. Langsam blieb das U-Boot zurück, und dann war um sie wieder nur das Meer, als sei alles eine Täuschung gewesen . . .

Drei Stunden später – um 15.55 Uhr – sichtete der Torpedoausguck das Boot erneut. Es war nicht dasselbe Boot. Aber das sollten sie nie erfahren. Ebensowenig wie die Tatsache, daß die *Doggerbank* sich in einem Seegebiet befand, in dem eine Gruppe von sieben deutschen U-Booten sich zu einem Angriff auf einen alliierten Geleitzug bereitmachte.

Keines dieser U-Boote erwartete die *Doggerbank*.

Keines war über die mit der Seekriegsleitung vereinbarten Erkennungszeichen unterrichtet.

Sie warteten auf Beute . . .

5

Dieses Seegebiet, in das die *Doggerbank* einfuhr, gehörte nicht zu den klassischen Jagdgründen der U-Boote. Das war der Nordatlantik gewesen mit seinen Hauptnachschubrouten, mit Geleitzügen, die Kriegsmaterial von den USA nach England – und weiter nach Rußland über die Nordpolroute – brachten. Aber im Nordatlantik gab es um diese Zeit für die deutschen U-Boote nicht mehr viel zu jagen – dort waren sie selbst zu den Gejagten geworden: Die Abwehrmaßnahmen der die Geleitzüge schützenden Kriegsschiffe und Flugzeuge waren immer besser geworden, während die deutschen U-Boot-Typen veraltet waren. Jene ›glücklichen Zeiten‹ der großen Geleitzugschlachten und Erfolge waren jetzt, 1943, vorbei. Das Blatt hatte sich entscheidend gewendet. Damals, noch bis zum Sommer 1942, waren auf ein versenktes deutsches U-Boot zwanzig versenkte alliierte Schiffe gekommen. Jetzt stand die Todesquote eins zu zwei gegen sie – und auf mancher Fahrt fanden sie nicht einmal dieses eine Schiff.

So waren seit Oktober 1942 immer mehr deutsche U-Boote aus dem Nordatlantik abgezogen worden. Man hoffte, neue, verbesserte Typen von U-Booten bauen zu können, mit besseren Waffensystemen. Bis es soweit war, verlegte man den U-Boot-Krieg in den Südatlantik, in der Absicht, die Zeit zu überbrücken. Außerdem: Die deutschen Truppen des Afrikakorps wurden um diese Zeit bei Tunis schwer bedrängt, und die U-Boote sollten den in den Mittelmeerraum gehenden Nachschub an Truppen und Kriegsmaterial wenn nicht verhindern, so doch stören ...

Am 27. Februar 1943 hatte die deutsche Seekriegsführung einen solchen westlich steuernden Geleitzug entdeckt. Eine Gruppe von sieben deutschen U-Booten – die Gruppe ›Tümmler‹ – erhielt am 1. März den Befehl, sich südwestlich der Azoren in einem sogenannten ›Vorpostenstreifen‹ aufzustellen. Die sieben Boote standen in einem Abstand von

30 Seemeilen. Sie überwachten so einen Nord-Süd-Streifen von insgesamt 180 Seemeilen Breite, durch den der Geleitzug hindurchfahren mußte. Die Geleitzugoperation hatte den Namen ›Rochen‹ erhalten (siehe Karte Seite 84/85).

Das Boot, das in diesem Streifen am weitesten südlich stand, war U 521. Es war mit aller Wahrscheinlichkeit das Boot, das von der *Doggerbank* aus an diesem 3. März gesichtet worden war.

Das Schiff hatte inzwischen seinen alten Kurs fortgesetzt und war – außer Sichtweite – an U 106 vorbeigelaufen, an U 558, an U 202, keiner bemerkte den anderen. Es war erst das fünfte Boot, U 43, das die *Doggerbank* sichtete.

Das Duplikat des Kriegstagebuches von U 43, eine Art Logbuch, das an Bord geführt wurde und das heute in den Archiven der britischen Admiralität liegt, vermerkt als Zeit 17 Uhr – helle Tageszeit also. Dieser Umstand ist wichtig zur Beurteilung der späteren Geschehnisse.

Als der Kommandant des Bootes, Oberleutnant zur See Hans-Joachim Schwandtke, die schwache Rauchfahne durch sein Glas beobachtete, war U 43 etwa 10 Meilen von der *Doggerbank* entfernt. Es war das erste Schiff, das U 43 seit Wochen sichtete, und Schwandtke zögerte keinen Augenblick, seinen Vorpostenstreifen zu verlassen.

Mit langsamer Fahrt lief U 43 auf die Rauchfahne zu ...

U 43 war ein berühmtes, fast legendäres Boot. Sein früherer Kommandant war der Kapitän zur See Wolfgang Lüth gewesen. Lüth hatte als erster Offizier der Marine die höchste militärische Auszeichnung erhalten – das Eichenlaub mit Schwertern und Brillanten. Er hatte in seiner aktiven Zeit als U-Boot-Kommandant 46 Handelsschiffe mit einer Tonnage von über einer Viertelmillion versenkt, einen Zerstörer, ein feindliches U-Boot, zwei schwere Schlachtschiffe torpediert und beschädigt.

Hans-Joachim Schwandtke, ein gebürtiger Oberschlesier und damals 25 Jahre alt, hatte U 43 im März 1942 von Lüth übernommen. Seitdem schien das Glück an U 43 vorüberzugehen. Seit 1936 bei der Kriegsmarine, hatte Schwandtke zuerst auf dem Kreuzer ›Karlsruhe‹ gedient und war dann im April 1940 zu den U-Booten übergewechselt. Er hatte lange beim Stab des Befehlshabers der Unterseeboote in der Organisation gearbeitet. Seine Kommandantenausbildung erhielt er bei der 24. U-Flottille, von Januar bis März 1942.

U 43 war am 9. Januar 1943 von Lorient ausgelaufen. Dies war seine zweite Feindfahrt mit dem U-Boot. Auch sie war bisher erfolglos verlaufen, so wie die erste.

Ende Januar hatte U 43 mit anderen Booten den Konvoi UC 1 angegriffen. Der Kampf hatte vier Tage gedauert, aber die Bewachung des Gegners war stark; U 43 war nicht zum Angriff gekommen, sondern hatte selber leichte Wasserbombenschäden erlitten. Das Boot war nun bereits wieder zwei Monate auf See und besaß noch alle seine Torpedos!

Schwandtke brauchte den Erfolg, er fieberte ihm entgegen.

War es nicht verständlich? Hier Lüth, das große As, da Schwandtke, ein Mann, der bisher nicht ein einziges Schiff versenkt hatte – in einem ganzen Jahr nicht –, der nicht eine einzige Auszeichnung besaß! War es verwunderlich, daß sein erster Gedanke, als er die Rauchfahne des Schiffes sichtete, war: Endlich! Hoffentlich kommt mir keines der anderen Boote zuvor . . .

Der Mast des Schiffes war jetzt von der Brücke des U-Bootes aus deutlich auszumachen. Die Männer auf der Brücke suchten den Horizont nach weiteren Schiffen ab.

»Scheint ein Einzelfahrer zu sein«, sagte der Wachoffizier von U 43. Schwandtke wandte keinen Blick von dem Schiff, dessen Silhouette in der Sonne zu einem Schatten zerfloß. »Hoffentlich ist es nicht so ein kleiner Pott«, sagte er. Es drückte seine ganzen Gefühle aus.

Die Ausgucks riefen die Peilungen durch das Turmluk nach unten. Der Obersteuermann saß über seinen Karten, errechnete den Kurs des Schiffes. Schließlich kam seine Meldung auf die Brücke: »Generalkurs ist Nord. Hält seinen Kurs ziemlich genau. Geschwindigkeit etwa zwölf Knoten.«

Machte Schwandtke sich keine Gedanken darüber, was ein Einzelfahrer in diesem Seegebiet suchte? Noch dazu ein Schiff, das einen geraden Kurs steuerte? Alliierte Schiffe suchten für gewöhnlich ihren Weg über den Atlantik in Zickzackkursen, um deutschen U-Booten den Angriff zu erschweren.

U 43 war jetzt so nahe heran, daß aus dem zerfließenden Schatten die Silhouette des Schiffes wuchs. Schwandtke schätzte ihn auf 7000 bis 10000 Tonnen. Er meldete seine Beobachtungen: »Plattdecker ... Mast eins zwischen Luk eins und zwei. Brücke an Luk zwei. Zweiter Mast zwischen Luk vier und fünf ...«

Sie gingen von Mund zu Mund, bis zum Wachoffizier, der unter Deck gegangen war und im Lloyd-Register nachsah. Auf der Brücke war es still, bis auf das harte, monotone Brummen der Diesel und das Rauschen der Bugwelle.

Der Mann im Turmluk sagte schließlich: »Meldung von WO. Könnte die *Dunedin Star* sein. Oder ein Blue Star Liner. Ziemlich sicher ein Engländer.«

Der Name war im Augenblick Schwandtkes geringste Sorge. Spätestens wenn das Schiff versenkt war, würden sie den Namen erfahren, wenn sie einen der Überlebenden auffischten, um die Bestätigung zu erhalten.

Schwandtke gab seine Befehle. Das Brummen der Diesel wurde heller. Am Bug schäumten die Wellen auf. U 43 begann das Vorsetzmanöver – die erste Größe in der Gleichung des Tötens: Sie liefen nach vorne, um dem Gegner den Weg abzuschneiden und in Schußposition zu kommen. Nur über Wasser war das möglich, unter Wasser waren sie dazu nicht schnell genug. Schwandtke stellte bald fest, wie schulmäßig der Angriff verlief.

Das fremde Schiff zickzackte nicht. Vollkommen arglos lief es weiter seinen Kurs, fast in ihrem Kielwasser. Nur einmal schien Schwandtkes Rechnung in Gefahr: Er bemerkte sein Nachbarboot in der Vorpostenkette, U 66, geführt von Kapitänleutnant Gerhard Seehausen. Die beiden Boote tauschten mit dem Blinkscheinwerfer ihr Erkennungssignal aus. U 66 drehte ab. U 43 setzte sein Manöver fort.

Würde Schwandtke im letzten Augenblick seinen Irrtum erkennen? Würde etwas ihn stutzig machen? Der Kurs des Schiffes? Die vielen Leute an Deck? Die roten Feuerwehrschläuche zwischen den Masten?

Aber Schwandtke hatte keinerlei Veranlassung, in diesem Schiff einen deutschen Blockadebrecher zu vermuten. Die Seegebiete, in denen solche Schiffe erwartet wurden, wurden für die betreffenden U-Boote gesperrt, was bedeutete, daß der Kommandant jeden Angriff auf einen Einzelfahrer dort zu unterlassen hatte. Und es wurde mit einer genügenden Lose – wie der Seemann sagt – gearbeitet, das heißt, der Befehl wurde zur Sicherheit schon einige Tage vor dem Datum erteilt, an dem man das Schiff dort erwartete.

U 43 hatte keinerlei Warnung erhalten.

6

Das U-Boot fuhr vor ihnen her. Die Entfernung betrug etwa zwei Seemeilen. Von der Steuerbordnock der *Doggerbank* aus sahen sie sein Kielwasser mit bloßem Auge. Es begann langsam zu dämmern, war aber immer noch hell genug.

»Ich hatte doch recht«, sagte Fischer. »Es war ein deutsches Boot.«

Schneidewind sah an den Gesichtern der Männer, die um ihn standen, daß sie auf seine Entscheidung warteten.

»Wo steht das Boot?« rief er dem Dritten Offizier hoch oben im Bootsmannstuhl zu.

»Immer noch 40 Grad steuerbord, Kapitän. Es fährt sturheil voraus.«

Es gab auch für Schneidewind keinen Zweifel mehr, daß

es ein deutsches Boot war. – Aber warum hatte es beim erstenmal seine Morsezeichen nicht beantwortet? Hatte man sie an Bord des U-Bootes wirklich nicht entdeckt, obwohl sie fast bis auf zwei Seemeilen herangekommen waren?

Und warum gab das Boot sich jetzt nicht zu erkennen? Schneidewind, der nichts von den sieben U-Booten der Gruppe ›Tümmler‹ wußte – nichts von der Tatsache, daß man hier einen alliierten Geleitzug erwartete, nicht aber die *Doggerbank* – Schneidewind mußte glauben, daß es sich immer noch um ein und dasselbe U-Boot handelte ...

In der I. Seekriegsleitung wiederum, der die *Doggerbank* unterstand, wußte man zwar von den sieben U-Booten, nicht aber davon, daß die *Doggerbank* dieses Seegebiet bereits erreicht hatte, acht bis neun Tage vor dem errechneten Zeitpunkt. Man hatte dem Kommandanten der *Doggerbank* am 14. Februar gefunkt, den Äquator nicht vor dem 5. März zu überschreiten. Man verließ sich darauf, daß dieser Befehl Schneidewind erreicht hatte ...

Schneidewind war ein umsichtiger Kapitän. Zweifellos irritierte ihn das Verhalten des deutschen U-Bootes. Es beunruhigte ihn so sehr, daß er einen Augenblick sogar überlegte, ob er nicht durch einen Funkspruch bei der Seekriegsleitung rückfragen sollte. Er hatte sich darüber mit den anderen Offizieren beraten, was ungewöhnlich für ihn war, da er sonst solche Entscheidungen immer allein zu treffen pflegte.

Man hatte sich schließlich gegen den Funkspruch entschieden: Die Engländer hatten ihre Peilstationen an allen möglichen Punkten der Küste. Das Risiko, sich zu verraten, war zu groß! Er würde damit möglicherweise nicht nur sein Schiff, sondern auch das U-Boot gefährden ...

Schneidewind hatte sein Glas genommen. Er blickte auf das vorausfahrende Boot. Sein fast zu ebenmäßiges und weiches Gesicht bekam durch die tiefe Bräune und die Müdigkeit der Augen einen herben, männlichen Zug. Er war wie immer peinlich korrekt gekleidet: Die Kapitänsmütze war schneeweiß. Der blaue Rock des Handelskapitäns mit den vier goldenen Streifen wies kein Fältchen auf. Seine braunen Halbschuhe waren spiegelblank. Und wie immer roch er etwas zu stark nach dem französischen Eau de Cologne, das er beim Rasieren benützt hatte . . .

Die anderen warteten auf seine Entscheidung. Schließlich nickte Schneidewind dem Ersten Offizier zu. »Sie können die Rettungsboote wieder festlatschen lassen.«

Auf den Gesichtern löste sich die Spannung. »Jawohl, Käp'ten«, sagte Langhinrichs. »Und die Erkennungssignale?«

Schneidewind warf einen Blick auf die acht roten Schläuche, die auf der Manilaleine zwischen Funkraum und Mast zwei hingen. »Bleiben stehen«, entschied er.

»Die Geschütze?«

»Die Bedienungen können wegtreten. Die Ausgucks sollen die Augen offenhalten . . .« Die Ausgucks, das war ihre beste Waffe, und Schneidewind hatte bis zu 20 Mann dafür eingeteilt. Er nickte den anderen zu. »Wenn was ist, ich bin in meiner Kabine.«

Sie sahen ihm schweigend nach. »Nimmt alles ein bißchen sehr ernst, euer Alter, wie?« sagte Fischer. »Aber von Disziplin hält er wohl nicht viel.«

Langhinrichs würdigte ihn keiner Antwort. Er beugte sich über die Brückennock. An Deck wartete der Bootsmann auf seine Orders. »Kuert, Sie können die Boote wieder festlatschen lassen«, sagte er. »Von See aus kann uns jetzt nicht mehr viel passieren.« Man merkte, wie erleichtert er war. »Also! Kümmern Sie sich darum, daß uns die Boote nicht aus den Davits fliegen.«

Das U-Boot, U 43, fuhr immer noch voraus.

Die *Doggerbank* war direkt in seinem Kielwasser . . .

7

Nachdem der Befehl ausgeführt war und die vier Rettungsboote der *Doggerbank* fest angefiert waren, ging Kuert unter Deck. Auf dem Weg zur Kombüse schnappte er die Gesprächsfetzen auf. In den überbelegten Logis gab es nur ein Thema: die bevorstehende Heimkehr.

Seeleute sind abergläubisch. Deshalb war das Thema Heimkehr bisher tabu gewesen; niemand hatte gewagt, davon zu sprechen. Jetzt aber, da das U-Boot aufgetaucht war, sahen sie sich in Sicherheit, schon zu Hause . . .

An jedem Samstagabend gab es nach festgelegtem Essensplan Dosenwurst, Bratkartoffeln und Gurken. Niemand hatte heute großes Interesse am Essen. Kuert schlang seine Portion hastig herunter. Er hatte es eilig, zu seinen Kameraden zu kommen. Auf dem Weg unter Deck kam ihm Waldemar Ring entgegen. Ring, der als fünfzehnjähriger Schiffsjunge an Bord gekommen war, sah immer noch nicht viel älter aus. Er war ein schmächtiges Kerlchen, nicht viel größer als einsfünfzig, mit dünnen Armen.

»Mensch, Fritz«, sagte er, »ist dir das klar! In acht Tagen sind wir in Bordeaux. Acht Tage, stell dir das vor!«

»Scheinst es gar nicht mehr erwarten zu können, wie?«

Ring sah weg, auf den Hund, der um seine Füße schwänzelte, ein grauer Foxterrier. Leo, der Schiffshund der *Doggerbank,* und Waldemar waren unzertrennlich.

»Sag mal, Fritz, ich wollt' dich schon lange was fragen . . . Meinst du, daß sie mir schreiben wird?«

Selbst in der schlechten Beleuchtung des Niederganges sah Kuert, wie er rot wurde. Jeder an Bord kannte die Geschichte von dem Schiffsjungen und Hanako. Männer, die so lange auf einem Schiff zusammenlebten, hatten wenige Geheimnisse voreinander:

Hanako war eine junge Japanerin, eine Prostituierte in einem der Bordelle in Yokohama. Stachnovski war es gewesen, der Waldemar Ring überredet hatte, mit ihm zu kommen, weil Stachnovski selber kein Geld mehr besessen hatte für die Liebesdienste der Mädchen. So hatte Waldemar Hanako kennengelernt, sein erstes Mädchen überhaupt, und er hatte sich prompt in sie verliebt, hatte nur mit ihr zusammengesessen, sie stumm angeschaut, Händchen gehalten, wie Stachnovski hinterher berichtete, »niichts wie Händchen gehalten!« –

»Sie wird dir schreiben!« sagte Kuert.

»Meinst du?«

Kuert sah Ring vor sich, klein und schmächtig, und er sagte: »Vielleicht ist sogar Post von Hanako an Bord. Wenn sie den Brief beim Stützpunktoffizier abgegeben hat . . . Du wirst sehen, in Bordeaux bekommst du ihren Brief.« Er wußte nicht, warum er log. Es war sonst nicht seine Art, jemanden zu schonen.

»Stachnovski sucht dich«, sagte Ring verlegen.

Als Kuert in die Kabine über dem Ruderhaus trat, war der Schiffsarzt dabei, Gaides zu untersuchen.

»Weiter Bettruhe«, entschied er schließlich. »Machen Sie keine Geschichten, Gaides! Bleiben Sie liegen, dann sind Sie bis Bordeaux wieder in Ordnung.«

»Ich werde noch wirklich krank«, sagte der Erste Bootsmann, als der Arzt gegangen war. Seine Stimme klang nervös, was nicht zu seiner sonstigen ruhigen, gelassenen Art paßte. Er richtete sich auf. Er warf einen Blick durch das Bullauge. Die *Doggerbank* glitt, so schien es, fast lautlos dahin in der beginnenden Dämmerung.

Gaides ließ sich zurückfallen. »Das ist ein Schietgefühl! Bei Alarm hier allein zu liegen.« Seine Hand tastete nach der Außenwand, an der er lag. »Junge, war mir mulmig im Magen. Du liegst da und denkst, jeden Augenblick kracht es . . . Schietärzte.«

»Was soll jetzt noch passieren?« sagte Kuert. »Jetzt ist das U-Boot bei uns. Höchstens am Tag durch Flieger haben wir noch was zu befürchten.« Er schnallte seinen Rettungsgürtel ab, den er bei dem Alarm angelegt hatte. Er legte ihn dahin, wo er immer lag, ans Fußende seiner Koje. Er zog die Schuhe aus Juchtenleder aus, packte sie in den Schuhkarton. Die Gefahr war vorbei. Und hatte er sich nicht immer auf seinen untrüglichen Instinkt verlassen können?

Stachnovski wies auf die verblaßte Tätowierung auf seiner Brust. »Du mußt sie mir neu machen, Fritz, für Bordeaux.« Er deutete auf Gaides. »Er sagt, du hättest den falschen Ruß genommen.«

»Ich werd' ihn euch anmachen«, sagte Gaides. »Ihr werdet sehen, der hält.«

Kuert lachte. »Mit deiner Pisse, was?«

»Hast du was gegen meine Pisse?«

Gaides war wirklich nervös.

Kuert holte die Schablone – die Silhouette der *Doggerbank* – und die Nadeln zum Tätowieren. Perunie hielt die Schablone gegen das Licht an der Decke. »Ist es nicht ein schönes Schiiff.« Wie immer zog er das ›i‹ lang.

»Goddamned fucking Dampfer!« Jan Bahrend stand vor seiner Koje und hantierte mit seiner Schwimmweste. »Hilf mir lieber mal, das Ding anzukriegen.« Im Gegensatz zu Kuert war er dabei, sie anzulegen.

Kuert trat zu ihm. Die Schwimmwesten wurden normalerweise an Deck aufbewahrt und erst im Augenblick wirklicher Gefahr ausgegeben. Er fragte nicht, wie Bahrend zu der Weste gekommen war. Er begann, die Jacke auf seinem Rücken zu verschnüren. »Willst du das Ding bis Bordeaux anbehalten?«

Der Koch stand vor ihm, einen Kopf größer als er, mit seinen melancholischen Augen. »I can cook, god damn, genügt das nicht? Was the best cook in upper Manhattan. Soll ich auch noch schwimmen können? God damn, wollt ihr, daß ich elend ersaufe?«

Stachnovski hielt noch immer die Schablone gegen das Licht. »Mein Schiiff! Er beleidigt mein Schiiff! Sag, Friitz, kannst du mir auch ein U-Boot machen?«

Jan Bahrend saß steif auf dem Rand seiner Koje. Die hochschließende Schwimmweste umschloß seinen Oberkörper wie eine Zwangsjacke. Er aber saß da, als trage er ein steifes Frackhemd.

»I tell you«, sagte er ernst, »I don't like this damned fukking U-Boot. I don't like it at all!«

Niemand hörte auf ihn. Sie waren es ja gewohnt, daß der Koch mit seinen U-Booten die ganzen ›Lords‹ an Bord verrückt machte, indem er sie zur Reling zerrte, aufs Meer wies und todernst sagte: »See him? Der wartet schon auf uns.«

Sie wußten nicht einmal, ob er sich einen Spaß machte oder ob sie in seiner Einbildung nicht wirklich existierten ...

Jan hatte sich hingelegt. Er lag auf dem Rücken, die Füße etwas angezogen. Die Koje war zu klein für ihn. Eine Weile sprach niemand. Sie horchten auf das unverändert monotone Geräusch der Schiffsmaschine. Plötzlich und unvermittelt sprach der Koch weiter: »Wir haben 'ne Menge Spaß gehabt zusammen or haven't we? Sind ganz schön herumgekommen. Aber glaubt ihr, daß das ewig so weitergeht? We were too damn lucky. It's too good to last.«

Niemand sagte etwas.

Perunie Stachnovski blickte auf seine Reitstiefel. Irgend etwas an dem, was Jan sagte, rührte eine Saite in ihm an: Solche schönen weichen Stiefel, wie er sie nun besaß, hatte er sich immer gewünscht ... Stachnovski kannte seinen Vater nicht; er hatte seine Mutter sitzenlassen; war irgendwo Inspektor auf einem Gut, wie er gehört hatte. Er, Ludwig Stachnovski, den sie Perunie nannten, hatte sich vorgenommen: Eines Tages werde ich so vor meinen Vater hintreten, in Reitstiefeln, im grünen Janker, selber wie ein Gutsinspektor aussehend!

Er hatte nie damit gerechnet, daß sich dieser Wunsch erfüllen würde. Aber er hatte sich erfüllt. Er besaß die Reitstiefel. Er besaß den Janker. Er besaß Freunde ... und das alles hatte er einzig und allein nur diesem Schiff zu verdanken! Sein Leben lang war er herumgestoßen worden. Man hatte sich lustig gemacht über seine Aussprache. Sie machten sich auch hier darüber lustig. Aber der Unterschied war, daß sie es hier taten, weil sie ihn mochten, weil sie seine Freunde waren ...

Er wünschte plötzlich, er hätte es ihnen sagen können. Aber das war unmöglich. So sagte er nur: »Sagt nichts gegen mein Schiiff.«

»Let's face it, Perunie«, sagte Jan. Sein immer schon farbloses Gesicht war ungewöhnlich grau. »They'll call our number. Unsere Nummer ist dran. One of these days ... früher oder später ist unsere Nummer dran.«

Er richtete sich auf. Sein Blick fiel auf den Gürtel mit der Feldflasche, der am Fußende von Kuerts Koje lag. »Gib mir 'nen Schluck aus deiner Flasche.«

Er zeigte auf die Flasche, und Kuert sah, daß er das Zittern seiner Hände nicht verbergen konnte.

»Nur 'nen Schluck, Fritz!«

»Ja«, sagte Perunie, »für jeden 'nen Schluck. Jetzt kannst du die Flasche bald wieder nachfüllen.«

Kuert blickte auf die Hände des Kochs, aber er schüttelte den Kopf. Das, was Bahrend verlangte, hieß alle bösen Geister beschwören! Er rührte den Rum an seinem Rettungsgürtel nie an, trank die Flasche erst leer, wenn es eine neue Ration Rum gab. An Bord der *Doggerbank* gab es keinen Rum. Mit einer Ausnahme: Derjenige, der einen Toten einnähte, bekam dafür eine Flasche Rum ausgehändigt.

»Sorry, Jan.« Er hatte sich geschworen, die Flasche niemals voreilig anzurühren. Der Schwur war jetzt zwei Jahre alt. Damals, nach der Versenkung der *Aegina,* hatte er 36 Stunden im Wasser getrieben, ehe man ihn auffischte. Aber er hatte den Rum gehabt. Für einen Schiffbrüchigen gab es nichts Besseres als Rum. In äußerster Not konnte man selbst Salzwasser trinken, mit Rum versetzt.

»Das Schiff ist trockener als Texas«, sagte Jan resigniert. Waldemar Ring tauchte auf, mit dem Ruß, nach dem man ihn geschickt hatte.

Gaides richtete sich in seiner Koje auf. »Okay, schaut mal weg! Und noch was: Ich mach' euch den Ruß an, so daß er hält, aber tätowieren wirst du ihn woanders, Fritz. Ich kann das nicht haben, wenn der Perunie stöhnt dabei wie ...«

Er kam nicht weiter. Der Lautsprecher an der Wand knackte: Der Kapitän!

Schneidewind hatte seit dem Auslaufen vor nunmehr fast drei Monaten nicht mehr zu der Besatzung gesprochen. Die Besatzung war eingespielt, besondere Anlässe hatte es nicht gegeben. Keiner rührte sich, als sie die wie immer gelassene Stimme hörten:

»...Wir werden nun bald unseren Stützpunkt erreichen. Ich werde dafür sorgen, daß die Hälfte der Besatzung sofort auf Urlaub gehen kann. Die anderen kommen dran, sobald die ersten zurück sind.

Wir sind in Yokohama von den Japanern reich beschenkt worden. Vor allem mit Tee und Kaffee. Der Kabelgaat wird die Sachen ab morgen an die Besatzung verteilen ...

Noch eines: Uns begleitet jetzt ein deutsches U-Boot. Trotzdem heißt es, weiterhin wachsam zu sein. Ich weiß, daß ich mich auf Sie alle verlassen kann ... Das wäre alles.«

Der erste, der sprach, war Perunie. »Mensch – Tee! So was von Tee kennen die zu Hause gar nicht mehr.«

»Einen Schluck«, sagte Jan Behrend. »Meine ganze Teeration gegen einen Becher Rum!«

Kuert schüttelte den Kopf. »Nichts zu machen.«

»Los, komm«, sagte Perunie, »mach mir mein Schiiff.« Dann zu Gaides: »Wir sind vorne im Mannschaftslogis.«

Kuert nahm die Schablone und die Nadeln. Stachnovski den Ruß.

Der Bootsmann Kuert war jetzt sicher, daß ihnen nichts mehr geschehen konnte; nicht auf dieser Fahrt. Er ließ den Rettungsgürtel und die Spezialschuhe am Fußende seiner Koje zurück ...

8

Auf dem Turm von U 43 wandte sich Hans-Joachim Schwandtke an den wachhabenden Offizier: »Wir greifen unter Wasser an. Tauchen.«

Die Nacht schien zu zögern, als sei sie mit dem fremden Schiff dort im Bunde. Sie konnten nicht länger warten. Ein Funkspruch für die Gruppe ›Tümmler‹ war eingegangen, dem Geleitzug entgegenzulaufen. Wenn, dann mußte Schwandtke jetzt angreifen. Dieser Einzelfahrer war ein zu verlockendes Ziel. Wer wußte, wie stark die Bewachung des Geleitzuges war, ob er dort zum Schuß kommen würde.

Er wartete, bis der letzte Mann im Turmluk verschwunden war. Er warf noch einen Blick auf das auf sie zulaufende Schiff, maß die flachen Deckaufbauten. Er hatte jetzt Stunden auf der Brücke verbracht. Aber er fühlte keine Müdigkeit. Er spürte Entschlossenheit und Besorgnis; Entschlossenheit, dieses Schiff unbedingt zu versenken! Besorgnis, daß irgend etwas faul an der Sache war! Eine Falle.

Er war in seiner Ausbildungszeit bei der Flottille immer wieder vor U-Boot-Fallen gewarnt worden. Einzelfahrer, die sich meist im Gebiet der Geleitzugrouten aufhielten. Sie waren mit Wasserbomben und modernsten Abwehrmitteln ausgerüstet. Ihre Kommandanten waren erfahrene Offiziere der britischen Kriegsmarine.

Er dachte an die Geschichten, die man sich im Kreise der Kameraden von diesen Schiffen erzählte und von U-Booten, die durch sie vernichtet worden waren ...

Das Schiff, dessen dunkle Silhouette sich gegen den helleren Horizont abhob, hatte plötzlich etwas Drohendes. Er drehte den Lukendeckel zu, und dann hörte er, wie die Wellen über dem Deck zusammenschlugen.

Er wartete, bis das Boot einpendelte. U 43 ging auf dreißig Meter Tiefe. Schwandtke wartete, daß der Horchraum sich meldete ...

Bis auf das leise, monotone Summen der E-Maschine war es still im Boot. In langsamer Schleichfahrt liefen sie dem Schiff entgegen.

Der Horchraum meldete die ersten leichten Horchpeilungen des Schiffes. Schwandtke fuhr sein Periskop aus.

»Keine Kursänderung«, meldete der Obersteuermann . . .

Wieder erwachte Schwandtkes Mißtrauen. Das sorglose Verhalten des Schiffes beunruhigte ihn. Die Mütze weit in den Nacken geschoben, sah er durch sein Periskop den leichten Rauchschleier, bald darauf den Mast und die Schornsteine.

Er gab seine Beobachtungen weiter an den Maat, der den Torpedokurs errechnete.

Die dunkle Silhouette des Schiffes wurde immer breiter. »Rohr eins bis drei klarmachen.« Und Schwandtke fügte hinzu, obwohl es unnötig war, obwohl alle an Bord verstanden, daß ihr Kommandant gewillt war, diesem Schiff drei Torpedos in den Rumpf zu jagen, wo ein einziger Treffer mit Sicherheit seinen Untergang besiegelt hätte, er fügte hinzu:

»Wir müssen sehen, daß wir es ganz sicher kriegen . . .«

9

Sie waren vorne im Mannschaftslogis beim Tätowieren. Die ›Lords‹ standen um sie herum, hatten ihren Spaß, wenn Stachnovski das Gesicht vor Schmerz verzog und seine prächtigen Goldzähne zeigte.

»Machst du's auch richtig?« Perunie saß mit nacktem Oberkörper auf seinem Hocker. Er hielt sich selbst die Schablone vor die Brust. Kuert kniete vor ihm auf dem Boden.

»Halt still!« Kuert tauchte die Nadel in den Ruß, stach durch die Löcher der Schablone in die Haut. »Wenn du nur

Fritz Kuert, der Überlebende der ›Doggerbank‹, im Januar 1945, nach der Rückkehr aus US-Gefangenschaft.

Die Eltern Kuert im Jahre 1918 mit ihrem Sohn Fritz (links oben). Fritz Kuert im Alter von sechs Jahren (rechts oben).

Fritz Kuert als Rudergänger auf der ›Brake‹, 1938 (links unten), und als Bootsmann der ›Charlotte Schliemann‹, 1942, in Las Palmas (rechts unten).

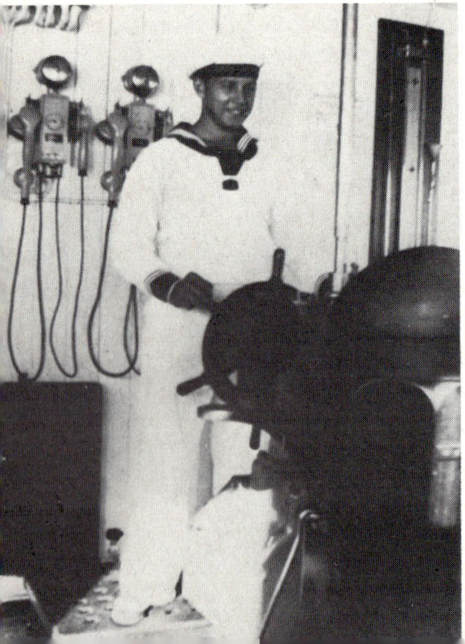

Fritz Kuert zur Zeit des Überwechselns auf die ›Doggerbank‹ (links). Die Kinder des Fritz Kuert: Karin, Fred, Brunhilde (von links nach rechts).

Ein Teil der ›Doggerbank‹-Mannschaft, aufgenommen im September 1942 im Erholungsort Hakohne, Japan. In der Jolle befanden sich mit Fritz Kuert (1) noch folgende Personen: Richard Binder (2), Ludwig Stachnovski (3), Bernhard Tielmann (4), Hans Henke (5).

T a u f s c h e i n !

-.-.-.-.-.-.-.-.-.-.-.-.-.-.-

Wir "Neptun von Haifisch - Gnaden" Beherrscher aller Meere, Seen, Flüsse, Bäche, Teiche, Tümpel, Pfützen und Dachrinnen sowie aller sonstigen Getränke alkoholischer und wässeriger Art beurkunden hiermit, dass der vom Strande Germaniens kommende, in der Welt umhergammelnde Lorbass und Nichtstuer

Matrose (IV Fk.) Heinrich K u r z

mangels jedwelcher anderweitiger Verwendung in der menschlichen Gesellschaft von seinen Eltern zur See geschickt und verstossen, um seine wollüstigen Gefühle zu dämmen, die er Cousinen und Dienstmädchen in all zu offenbarer Form entgegenbrachte die

S c h e i d e g r e n z e

zwischen Nord und Süd passiert und aus unserer hochwohllöblichen heiligen Hand -nach vorhergegangener gründlichster Reinigung- die allein seeligmachende und läuternde Taufe unter Darbringung allergrösster Opfer den Namen

Q u a l l e

erhalten hat.

Mit Siegel gegeben am 44. Tage im Jahre des Heils EINTAUSENDNEUNHUNDERTZWEIUNDVIERZIG.

Kapitän M.S. "Doggerbank" — Hofmarschall

Astronom — Taufheiliger — Barbier

(alle von Neptuns Gnaden)

ein bißchen mehr Speck auf den Rippen hättest! Du frißt andauernd und bist dünn wie 'n Hering.«

»Mach mir ja ein schönes Schiiff!« sagte Perunie.

»Perunie kriegt 'n Schiff für die Ewigkeit«, sagte jemand. Es herrschte eine Bombenstimmung. Jeder war dabei, bereits seine Vorkehrungen für die Heimkehr zu treffen. Kordes saß auf seiner Koje, neben sich einen Koffer. »Die letzten drei Paare!« schrie er. »Das Paar nur vier Schachteln!«

Kordes machte das große Geschäft an Bord. Schuhe gegen Zigaretten. Er war Schuster von Beruf, ein Könner. Seine Schuhe – aus Manila geflochtene Sohlen, das Oberteil aus Segeltuch – hatten reißenden Absatz gefunden. Sein Vulkanfiberköfferchen war angefüllt mit den roten R-6-Packungen, die er eingetauscht hatte.

Danziger, ein Bulle von Kerl, hatte sich einen seidenen Kimono angezogen. Er tanzte damit durch das Logis. Er hatte in Japan zwanzig dieser Kimonos erstanden. »Das sind zwanzig Nächte!« malte er sich und den anderen nun seine unmittelbare Zukunft aus. »Die Französinnen sind ganz scharf auf die Dinger! Zwanzig freie Nächte!«

Kuert entdeckte Waldemar Ring in der Tür zum Niedergang; Leo, der Schiffshund, kauerte zu seinen Füßen.

»Hör mal, Perunie«, sagte Kuert, »kümmere dich mal ein bißchen um unseren Moses. Er nimmt die Geschichte mit Hanako verdammt ernst.«

»War 'n wirklich nettes Mädchen. Richtig verschossen in ihn«, sagte Perunie.

»Er glaubt, sie würd' ihm schreiben. Verdammt, Perunie. Du hast ihn in dieses Puff geschleppt. Jetzt kümmere dich auch um ihn.«

Wieder dachte Stachnovski: Was für ein gutes Schiff ist das. Jemand braucht mich. Jemand sagt zu mir: ›Kümmere dich um den Jungen‹ . . . Früher, in Beuthen, hatten sie ihn nur Perunie, den Schläger, genannt. Vielleicht wäre er wirklich ein Schläger geworden, wenn er nicht auf dieses Schiff gekommen wäre . . .

»Werd' den Kapitän bitten, daß er uns zusammen auf Urlaub schickt«, sagte Stachnovski. »Wär' das was? Wir sind aus einer Ecke. Kommt aus Hindenburg, unser Moses, ich aus Beuthen. Ich paß auf ihn auf!« Er sagte Worte, über die er erstaunt war. Auch das verdankte er dem Schiff. »Eigentlich ist sie ein dreckiger Kahn«, fuhr er fort. »Haben gestern die fünfzigste Ratte gefangen! Sag' mal, Fritz! Warum ist das nur ein so verdammt gutes Schiff? Verstehst du das . . .« Er konnte plötzlich nicht weitersprechen.

»Zur See gefahren, früher?« sagte Kuert. Sie unterhielten sich, als seien sie allein.

»Nee. War immer 'ne Landratte. Als der Krieg kam . . . Ich dachte, auf so 'nem Schiff, da ist das Fressen besser . . . Und du?«

»Ich dachte: Die Heuer ist besser«, antwortete Kuert. »Weißt du, zu Hause haben wir's nicht so dicke. Ich hab' mir gesagt: den Asch mußte' sowieso hinhalten, und auf See da kriegste' doppelte Heuer und auch noch was zu sehen . . . kannst dir dabei noch was auf die hohe Kante legen . . . Wenn ich denke, wie scharf ich darauf war, den Krieg zu sehen, damals . . .«

»Das Fressen ist nicht so berühmt«, sagte Stachnovski. »Aber sonst . . . manchmal stell' ich mir vor, wie die sich in Rußland gegenseitig abschlachten . . .«

Einen Augenblick erinnerte sich Kuert wieder an das Gefühl, das er gehabt hatte, als er an Bord der *Doggerbank* gegangen war; an das Gefühl, zu Hause zu sein. Aber da war noch etwas anderes. Hatten sie, die Männer von der Handelsmarine, nicht wirklich das beste Los erwischt in diesem Krieg? Sie, vor allem anderen, waren Seemänner. Selbst auf den feindlichen Schiffen fuhren Seemänner, groß geworden wie sie selbst unter dem obersten Gesetz des Meeres . . .

»Was ist, träumst du?« fragte Perunie.

Kuert löste vorsichtig die Schablone.

»Fertig?« fragte Stachnovski. »Ist es ein schönes Schiiff?« Kuert nickte.

Stachnovski stand auf und schielte auf seine Brust. »Hat jemand von euch einen Spiegel?« fragte er in die Runde.

10

Der Bugraum von U 43 meldete die Rohre klar.

»Entfernung eintausend Meter.« Schwandtke sah durch seine Optik kein Licht an Deck des Schiffes. Es fuhr verdunkelt, hielt unverändert seinen Kurs.

Im Boot war es totenstill. Die Mariner wußten, was zu tun war.

Sie hatten ihre Schuhe ausgezogen. Sie liefen auf Strümpfen, damit sie keine Geräusche machten.

Im Horchraum saß der Funkmaat vor seinen Geräten. Er hatte die 600-Meter-Notwelle eingeschaltet, um nach dem Auftauchen möglicherweise das Notsignal aufzufangen, das ihnen den Namen des Schiffes verraten würde.

Es war 20.55 Uhr, als sich die Mündungsklappen über den Bugtorpedorohren öffneten.

Schwandtke preßte seine Augen fester gegen das Okular. Dann hob er langsam den Arm. Alle warteten auf sein Zeichen.

11

Stachnovski und Kuert standen an der Tür zum Mannschaftslogis. Perunie hielt einen kleinen Taschenspiegel in der Hand, besah sich die fertige Tätowierung auf seiner Brust.

Sie standen direkt am Niedergang; zwölf Stufen bis an Deck . . . Waldemar Ring war ausnahmsweise mit Kaffee für den Kapitän auf dem Weg von der Kombüse zur Kajüte Schneidewinds. Der Moses war hochgestimmt: Von dem

Maat, der die Post unter sich hatte, hatte Ring erfahren, daß die *Doggerbank* drei versiegelte Säcke mit Post an Bord hatte. Er ging schneller, gefolgt von dem Hund, um den Kaffee für den Kapitän nicht kalt werden zu lassen ...

Jan Bahrend zögerte in der Tür der Kabine. Um 21 Uhr hatte er den Rudergänger auf der Brücke abzulösen. Er sah Kuerts Rettungsgürtel am Fußende der Koje. Karl Gaides lag mit dem Gesicht zur Außenwand, las in einem zerfledderten Heft.

Einen Schluck! dachte der Koch. Gaides würde es nicht merken. Und wenn er es merkte, würde er ihn nicht verraten. Just one god damn mouthful! Aber dann gab Bahrend sich einen Ruck und ging ...

Karl Boywitt, der Fischer, befand sich auf dem Weg zu seinem Lieblingsplatz, dem Peildeck. Jeden Abend verbrachte er dort, saß dort allein, starrte in den Himmel auf das fremde Sternenbild. Wenn er lange genug dort saß, verwandelte sich das Bild. Dann stellte er sich vor, daß er in seinem Fischerboot saß, draußen vor dem Kurischen Haff ...

Kapitän Schneidewind hatte seine Kajüte verlassen. Er blieb neben dem Rudergänger stehen. Er starrte durch die große Scheibe in die Dunkelheit. Er sah nichts als den grauschwarzen Ozean. Der schweigende Ozean war wie ein Spiegel seiner Gefühle. Die Nacht war kalt, angefüllt mit Schrecken und Tod. Schneidewind fühlte, wie sie in ihn eindrang, von ihm Besitz ergriff mit ihrem schweigsamen, durchdringenden Schrecken.

Er wandte sich ab. Der Kaffee würde ihm guttun. Vielleicht ein Bad. Ein neues Hemd. Eine frische Rasur. Es waren nur Schritte zu seiner Kabine. Er wollte gerade die Tür öffnen ...

12

Schwandtke ließ den erhobenen Arm sinken, gab damit seinem Torpedooffizier den Schuß frei.

Er hörte das Geräusch, als neben ihm der Abschußhebel umgelegt wurde.

U 43 schüttelte sich mit einer leichten Bewegung, als die drei Bugtorpedos ihre Rohre verließen. Schwandtke glaubte sie vor sich zu sehen, wie sie durchs Wasser zogen, schnurgerade, drei selbständig denkende Reptile, jetzt durch keine Macht der Welt mehr zurückzuhalten.

Jemand hinter ihm begann die Sekunden bis zum Aufschlag zu zählen . . .

13

Eine dumpfe Explosion erschütterte das Schiff. Dennoch gab es für den Bootsmann Kuert keinen Zweifel: Ein Torpedo mußte die *Doggerbank* getroffen haben. Es war keine rationelle Überlegung; dazu blieb auch gar keine Zeit. Irgendwie mußte der Funke sein Gehirn erreicht haben: Torpedo! Wie aus einem Reflex heraus begann er zu rennen, die eisernen Stufen des Niederganges hinauf.

Er hörte jemanden schreien: »Torpedo!« – dicht an seinem Ohr. Erst dann wurde ihm klar, daß er selber es war, der schreiend über Deck rannte, zusammen mit Dutzenden von Männern, die stolpernd und fallend alle die Reling zu erreichen suchten.

Er war vielleicht dreißig Meter gelaufen, als der zweite Torpedo traf und mittschiffs den Leib der *Doggerbank* aufriß. Kuert stürzte zu Boden, spürte den Sprühregen von der hohen Wassersäule, die an der Bordwand emporsprang und klatschend aufs Deck schlug.

Für Sekunden lag er dort, wie gelähmt, unfähig, etwas zu tun. Die Schiffsmotoren waren verstummt. Fast ohne Fahrt und schon weit überhängend lag das Schiff im Wasser. Gestalten stolperten an ihm vorbei, sprangen über Bord . . .

Es ernüchterte Kuert, löste seinen Schock, ließ seine Erfahrungen zur Geltung kommen: Die ersten, die über Bord sprangen, hatten selten eine Chance! Sie gerieten womöglich in den Sog des untergehenden Schiffes. Die Rettung saß in den Trümmern eines Schiffes, den Lukendeckeln, Balken und Kisten, die an die Oberfläche kamen, wenn das Schiff versunken war. Und dann fiel ihm ein, daß er die Aufgabe hatte, das Rettungsboot zu Wasser zu bringen.

Auf Händen und Füßen bewegte er sich vorwärts über das schräge Deck. In der Nähe hörte er wilde Angstschreie. Sie wurden lauter. Sie kamen aus Luk 3, hinter der Brücke, in dem über hundert Männer ihre Schlafkojen hatten.

Er sah es sofort: die schwere Eisenleiter, die hinunter ins Zwischendeck führte, hatte sich ausgehakt, schnitt den Männern den Ausweg ab. Das Luk war dunkel, bis auf ein paar Notlampen, winzige Pünktchen. Aber er brauchte nichts zu sehen. Die gellenden Notschreie – irrsinnig vor Angst – verrieten ihm genug: Hunderte von Tonnen Wasser, die durch die klaffenden Lecks in der Bordwand in den Leib des Schiffes stürzten, Türen aufsprengten. Männer, die sich auf der Flucht vor dem schnell steigenden Wasser niedertrampelten, gefangen zwischen den eisernen Wänden.

Sie hatten keine Chance. Es gab keinen Ausweg für die hundert Männer dort unten. Sie mußten in dem überfluteten Raum wie Ratten ersaufen, zusammen mit dem Schiff, das sie erbarmungslos mit sich in die Tiefe zog . . . Es gab nichts, was er tun konnte.

Er wandte sich ab, stolperte wie blind weiter. *Ich muß zu meinem Boot,* an den Gedanken klammerte er sich.

Als er das Rettungsboot erreichte, traf der dritte Torpedo die *Doggerbank.* Das große Rettungsboot hing schräg in den Davits mit der Neigung des Schiffes. Kuert riß das Beil aus seiner Halterung an der Reling. Er vermochte sich kaum auf den Füßen zu halten. Er hieb wild auf die Taue los, die das

Boot hielten. Aber es war sinnlos, es waren Drahttaue, und er brauchte sechs Hiebe, bis er das erste durchschlagen hatte ... Nie würde er das Rettungsboot freibekommen. Aber er hieb weiter mit dem Beil auf das Tau, bis er sah, wie der Steven des Schiffes sich dunkel aufrichtete. Er warf das Beil weg. Als er sich umwandte, stand der Mast zwei schon unter Wasser. Er wußte, daß das Ende kam. Er wunderte sich, wie ruhig er es dachte. Er war völlig ohne ein Gefühl der Panik, nur der Gedanke ans Überleben beherrschte ihn. Das Notboot! Natürlich! Eine kleine Jolle, die sie in Japan an Bord genommen hatten. Sie lag auf dem Bootsdeck. Und sie war nicht angetäut!

Fast wäre das Wasser schneller gewesen, denn er hörte hinter sich bereits das gurgelnde Geräusch, als er das Bootsdeck erreichte. Er konnte nur noch eines tun: seine Hände durch die Schlaufen des Handseiles stecken, das außen um die Jolle herumlief.

Das Wasser erfaßte die Jolle, zerrte sie und den Mann, der sich an sie klammerte, mit sich. Sie schossen auf den eisernen Mast zu. Kuert spürte den schneidenden Schmerz in seinen Handgelenken. Die Angst, gegen den eisernen Mast geschmettert zu werden, war noch größer. Vielleicht hätte sie ihn dazu veranlaßt, das Seil loszulassen, aber seine Hände saßen fest in den Schlaufen. Der Mast huschte vorbei wie ein Beil, das ihn um Zentimeter verfehlte. Das nächste, was er bewußt wahrnahm, war das Wasser.

Um ihn wurde es dunkel. Etwas umklammerte seine Lungen, drückte ihm den Atem ab. Sein Kopf schien zu zerspringen. Er spürte weder Arme noch Beine, so, als seien ihm die Glieder vom Rumpf gerissen worden.

Der Gedanke, sterben zu müssen! Er traf ihn nicht einmal so sehr als etwas Erschreckendes, sondern als etwas Neues, ihm völlig Unbekanntes ...

Der Sog des sinkenden Schiffes hatte ihn mitsamt der Jolle wohl zehn Meter in die Tiefe gezogen. Erinnerte er sich später an diese Augenblicke, so gab es nur einen einzigen Gedanken, den die Todesangst nicht verdrängt hatte:

Festhalten . . . Das Boot . . . Halte das Boot fest . . . Ein Boot kommt schneller an die Oberfläche als ein Mensch . . .

Der Druck ließ nach, als die Jolle wie ein Korken an die Oberfläche schoß. Er hatte plötzlich seine Glieder wieder. Er zog die Hände aus den Schlaufen. Die Handgelenke schmerzten, als seien sie mit Gewalt gebrochen worden. Er umklammerte den Rand des Bootes mit den Armen. So hing er dort, und sein Körper zuckte krampfhaft, während er das geschluckte Wasser erbrach . . .

Um ihn war es seltsam still. Das Boot schwamm, Kiel nach unten. Es war gestrichen voll von Wasser – aber es schwamm. Er hob den Kopf – und sah schemenhaft das Schiff.

Ihr Schiff. Ihr sagenumwobenes, glückliches Schiff. Es war wie ein Traum, eine grausame, unwirkliche Vision: Den Steven steil aufgerichtet, verharrte die *Doggerbank* in der Luft. Kuert sah keinen Rauch, kein Feuer. Nur den aufrechten Leib des Schiffes. Plötzlich ging ein Beben durch den Rumpf. Langsam sackte er ab, sackte in sich zusammen wie schmelzendes Blei . . .

Kuert spürte die leichten, schaukelnden Bewegungen, als er sich über die Ducht ins Boot zog.

Die Nacht schien nun heller, ein graues, ungewisses Zwielicht. Das Wasser trieb in einer langen Dünung vorbei. Aber es fehlte etwas – er vermißte das Geräusch der Wellen. Noch verwunderlicher war, daß er keine Hilfeschreie hörte. Eine eigenartige Stille lag über dem Boot, tief und schwer.

Seine Handgelenke bluteten, aufgescheuert von dem Hanfseil, an das er sich geklammert hatte. Er suchte nach einem Taschentuch. Aber er trug nichts mehr am Körper als ein Unterhemd und die seidene Dreiecksunterhose, die er sich in Yokohama gekauft hatte. Seine Hosen, seine Schuhe und Strümpfe waren weg, ihm vom Leib gerissen.

Der Rettungsgürtel! Jetzt erst bemerkte er, daß er ihn nicht trug. Wieso nicht? Wieso hatte er den Gürtel mit der Feldflasche und dem Bootsmesser auf seiner Koje liegen lassen? Hatte es nicht Alarm gegeben? Nein, das war am Nachmittag gewesen. Das U-Boot! Schneidewinds Stimme über dem Lautsprecher. Eine Bombenstimmung an Bord . . .

Plötzlich waren seine Gedanken bei den anderen. Er horchte in die Nacht. Sie blieb dunkel und still, als sei er der einzige Überlebende.

Er durchsuchte das Boot, bis zu den Hüften im Wasser. In der Jolle hatten ein Mast, Segel und Bootsriemen gelegen. Nichts davon war mehr da. Nur das Ruder saß noch fest in seiner Halterung.

Du hast ein Boot. Du lebst und hast ein Boot. Alles andere wird sich finden.

Er vernahm jetzt zum erstenmal Geräusche. Sie wurden lauter, immer lauter. Der Druck auf dem Trommelfell ließ nach. Er schüttelte das Wasser aus den Ohren. Es war, als zöge jemand einen Pfropfen aus seinen Ohren, und plötzlich war die Dunkelheit um ihn nicht mehr leblos und still. Er hörte von überallher Stimmen, Hilfeschreie. Sie mußten die ganze Zeit um ihn gewesen sein, nur hatte er sie nicht gehört.

Er hob die Hände an den Mund.

»Hierher!« schrie er. »Hierher! Hier ist ein Boot!«

Daß er ein Boot hatte, machte ihn stolz. Daß er darin allein war, machte ihm angst.

Manchmal waren die Stimmen ganz nah. Dann entfernten sie sich wieder.

Er rief weiter. Aus der Dunkelheit schwamm eine Gestalt heran. Er sah zuerst nur Arme, die sich um den Bootsrand schlangen.

»Vorsicht«, sagte Kuert, schon wieder klar denkend. »Komm über die Ducht rein. Ich möchte nicht kentern . . .«

Ein Gesicht, ein schmales, grau verfärbtes Gesicht. In die Stirn hängende nasse Strähnen. Ein paar Goldzähne blitzten auf.

»Perunie, du?« Er war sich nicht sicher. Es gab zu viele mit Goldzähnen an Bord.

»Mensch, der Friitz!« Sein Atem ging keuchend. »Mein Friitz lebt.«

Stachnovski hatte die Reitstiefel verloren. Das Hemd klaffte ihm über der Brust auseinander; darunter war die frische Tätowierung zu sehen.

»Wie bist du rausgekommen?«

Stachnovski schüttelte den Kopf. »Weiß ich nicht.« Und fuhr fort, den Kopf zu schütteln, aber nicht über die Tatsache, daß er lebte. »Mensch, Friitz, was ist mit dem Schiiff?« Er starrte in die Nacht. »Mein schönes Schiiff.«

Sie kauerten schweigend nebeneinander auf der Bank in der Ducht. Sie schauten sich an, als suchten sie im Gesicht des anderen wie in einem Spiegel das eigene zu erkennen. Um sie waren die Hilfeschreie; leise und fern, einmal hier und dort. Plötzlich richtete Stachnovski sich auf. »Diese Säue! Sie haben uns abgeschlachtet.« Ins Leere starrend hob er die Faust und schüttelte sie drohend. Es war eine hilflose und ohnmächtige Geste. »Was haben diese Säue mit meinem Schiiff gemacht!« Er konnte plötzlich nicht weitersprechen. Er hatte Tränen in den Augen.

14

U 43 brach durch die Wasseroberfläche. Schwandtke selbst stemmte das Turmluk auf. Er stieg auf die Brücke und nahm sein Nachtglas. Um ihn zogen die Wachen auf.

Der Kommandant von U 43 hatte noch immer das Bild vom Ende des Schiffes vor Augen, so, wie er es durch das Periskop beobachtet hatte: Von dem Augenblick an, wo das Schiff unter den hohen Wassersäulen fast verschwand, bis zu dem Augenblick, da es in die Tiefe sank, waren kaum acht Minuten vergangen. Schwandtke hatte das Bild fasziniert betrachtet. Sein erstes Schiff. Seine erste Versenkung. Er war immer noch verwundert über die Leichtigkeit seines Erfolges. Über eine Stunde lang hatte er die Versenkungsstelle unter Wasser beobachtet, immer noch mißtrauisch. Um 21.58 Uhr hatte er dann den Befehl zum Auftauchen gegeben. Er hatte die Zeit, zu der er sich den anderen Booten der Gruppe ›Tümmler‹ anzuschließen hatte, durch die Versenkung des Einzelfahrers bereits um eine Stunde überschritten. Er war dabei ein hohes Risiko eingegangen, denn es war immerhin möglich, daß der erwartete Geleitzug *durch* die von *ihm* verursachte Lücke fuhr. U 43 mußte also schnellstens in seine Position im ›Vorpostenstreifen‹ zurück. Trotzdem entschied Schwandtke nun:

»Wir gehen noch einmal zurück.«

Mit langsamer Fahrt lief U 43 auf die Versenkungsstelle zu. Für eine Weile war das Brummen der Diesel das einzige Geräusch.

»Den Namen feststellen«, sagte Schwandtke zu dem neben ihm stehenden Wachoffizier.

U 43 zog in einer großen Schleife über das Wasser. Die Männer auf der Brücke sahen bald die ersten Wrackteile auf dem Wasser. Der Backbordausguck meldete sich als erster: »Da schwimmen ein paar Männer . . .« Es waren Tote. Sie trieben in einem Wellental ganz nahe vorbei, die Gesichter nach unten. Schwandtke ließ die Diesel stoppen.

In der Stille, die folgte, drangen aus der Dunkelheit Hilfeschreie . . .

Schwandtke sah die beiden Wachoffiziere an. »Sie sprechen doch Englisch! Gehen Sie auf die Back. Fragen Sie die Leute. Der Name des Schiffes! Ich will den Namen!«

Der erste WO war schon an der Leiter, als er sich noch einmal umwandte. »Sollen wir jemanden auffischen?«

Drei, vier stumme Sekunden folgten, während Schwandtke über das Schanzkleid der Brücke gebeugt auf die See starrte, dorthin, wo das Schiff im Meer versunken war. Er war schon ein Risiko eingegangen, den Einzelfahrer zu jagen, während es seine Aufgabe war, seine Position im Vorpostenstreifen zu halten.

»Bringen Sie mir den Namen raus, weiter nichts«, entschied er schließlich. »Wir müssen zurück.«

15

Die beiden Männer in der Jolle hatten begonnen, das Wasser aus dem Boot zu schöpfen. Aber mit den bloßen Händen allein war es aussichtslos.

»So kriegen wir das Boot nie leer«, sagte Stachnovski schließlich. »Was ist eigentlich mit den Rettungsbooten?«

Kuert berichtete, was geschehen war.

»Und die anderen Boote? Verdammt, eines der vier muß doch zu Wasser gekommen sein. In den Booten ist zu fressen und zu saufen. Fritz, wir müssen die Boote finden!«

In ihrer Nähe schrie jemand um Hilfe. Sie riefen zurück, horchten, bis sie die Bewegungen eines Schwimmers vernahmen . . . Es war Waldemar Ring. Als sie den sechzehnjährigen Schiffsjungen ins Boot zogen, begann er zu schluchzen. Auch er trug nur Hemd und Unterhose. Er war, so berichtete er schließlich, von der Brücke aus über Bord gesprungen. Hatte er Schneidewind noch gesehen? Ja, der Kapitän der *Doggerbank* sei gerade aus seiner Kabine gekommen. Er hatte den Seesack mit den Geheimsachen dabei . . . »Weiter!«

»Mehr weiß ich nicht.« Ring zitterte vor Kälte und Erschöpfung. Er wirkte noch schmächtiger. Die Augen in dem schmalen Gesicht blickten flehend, als erwartete er von ihnen zu hören, daß alles gut werden würde.

»Uns kann nichts mehr passieren«, redete Kuert auf ihn ein. »Wir haben das Boot. Was kann uns schon passieren mit einem Boot. Irgend jemand wird uns auffischen.«

»Jemand vom U-Boot? Es war ein U-Boot, nicht wahr?«

Die Männer sahen sich schweigend an. »Morgen«, sagte Kuert, »bei Anbruch des Tages werden wir weitersehen. Am Tag wird uns jemand auffischen, bestimmt.« Er fühlte, wie lächerlich wenig diese Worte jetzt bedeuteten. Glaubte er selber daran? Es war nicht wichtig, woran er glaubte. Es war nur wichtig, etwas zu tun. Er wandte sich an Stachnovski:

»Du gehst nach vorne, Perunie. Wir sind jetzt mittendrin

in den Trümmern. Sieh zu, ob du was Brauchbares findest.«

»Guck nach Leo aus!« sagte Waldemar. »Er ist über Bord gesprungen, mir nach, aber dann hab' ich ihn verloren . . . bitte!« Er folgte Stachnovski nach vorne. Er kauerte sich neben ihn auf den Boden des Bootes, bis zur Brust im Wasser. Doch er rührte sich nicht, während Stachnovski weit nach vorne gebeugt das Wasser absuchte . . .

Kurz darauf kam Papa Boywitt ins Boot. Er hatte auf einem alten Lukendeckel im Wasser getrieben, das Boot entdeckt, die Jolle und war darauf zugeschwommen.

Kuert half ihm über die Ducht.

»Wer ist es?« fragte Stachnovski.

»Boywitt«, antwortete Kuert.

»He, Papa«, sagte Stachnovski, »du hast wohl nicht genug für uns gebetet.«

Boywitt sagte nichts. Auch er hatte Schuhe und Hosen verloren. Er trug immerhin ein Kulani, die blaue Marinejacke mit den goldenen Knöpfen. Er wrang sie aus, und dann fragte er:

»Habt ihr das Segel?«

»Kein Segel, kein Mast, keine Riemen, das ist alles weg«, antwortete Kuert. Aber daß Boywitt da war, beruhigte ihn. Ebenso, daß er sofort nach dem Segel fragte. Boywitt war ein Fischer. Er kannte sich mit Booten aus.

»Erst mal muß das Wasser aus dem Boot.« Boywitt war die Ruhe selbst.

»Aber wie?«

Boywitt deutete schweigend auf sein Krätzchen. Er begann, mit dem Käppi, das er gerettet hatte, das Wasser aus dem Boot zu schöpfen.

Es ist gut, Boywitt dabei zu haben, dachte Kuert wieder. Die Jolle hatte Platz für etwa sieben bis neun Mann. Es würde nicht gleich sein, wer diese Männer waren. Wenn sie überleben wollten, brauchten sie Leute wie Boywitt, mit seiner Ruhe und Erfahrung. Er war vermutlich der einzige von ihnen, der eine Ahnung davon hatte, auf welcher Position sich die *Doggerbank* bei der Versenkung befunden hatte, welches Ziel sie einschlagen konnten, wenn es hell wurde. Und der alte Fischer vom Kurischen Haff war ein verdammt guter Segler!

Während die *Doggerbank* in Yokohama auf der Werft zum Blockadebrecher umgebaut worden war, wurde ein Teil der Besatzung zur Erholung in die Berge nach Hakone verlegt. Sie bewohnten ein paar Bungalows, die direkt an einem See lagen, und er war mit Boywitt jeden Tag auf dem Wasser gewesen.

Sie waren morgens um drei Uhr aufgestanden, nur damit niemand ihnen das einzige vorhandene Segelboot wegschnappte. Er, Kuert, hatte immer geglaubt, viel vom Segeln zu verstehen. Aber von Papa Boywitt hatte er noch eine Menge lernen können . . .

Boywitt schöpfte noch immer das Wasser mit seinem Käppi, als sie die Persenning fanden. Eine Luftblase hielt sie an der Oberfläche; wie eine riesige Qualle trieb sie vorbei. Es war ein großes Stück, vier mal vier Meter. Sie hatten Mühe, es ins Boot zu ziehen, und noch mehr Mühe machte es Kuert, die feste, eingeölte Leinwand mit den bloßen Händen einzureißen. Er trennte ein Stück von siebzig mal siebzig Zentimeter heraus. Er faßte es an zwei Ecken, Boywitt nahm die anderen, und so begannen sie, Wasser zu schöpfen. Nach einer Stunde war das Boot immer noch erst halb leer.

Die ganze Zeit hörten sie Stachnovski Flüche ausstoßen. Er fischte etwas auf, warf es weg, fluchte: »Verdammt, wieder nichts zu fressen!«

Er dachte an nichts anderes, und einmal konnten sie gerade noch verhindern, daß er ein Tau ins Wasser zurückwarf.

»Soll ich Taue fressen?«

»Hier wird nichts weggeschmissen.« Kuert riß ihm das Tau aus den Händen. »Wir können alles gebrauchen, jedes Stück!«

Perunie suchte, fluchte weiter. Aber von jetzt an fragte er jedesmal, wenn er etwas entdeckte: »Eine Kiste. Leer. Wollt ihr den Mist haben?«

Er fischte die blecherne Hülse einer 10,5-cm-Granate auf. Der Behälter faßte zirka acht Liter. Er war ideal zum Wasserschöpfen, und bald hatten sie damit den Rest aus der Jolle geschöpft. Stachnovski fand Taue und Tampen. Kurz hintereinander drei Ruderriemen.

Sie konnten nur von einem der großen Rettungsboote stammen. Perunie wurde ganz wild bei dem Gedanken an Rettungsboote mit ihrem Notsender und all den Vorräten, die sie enthielten.

Aber sie fanden nur die drei Ruderriemen. Von den Booten sahen sie nichts.

Boywitt war sofort hellwach. Er nahm einen der Riemen und steckte ihn probeweise durch das Loch in der mittleren Bootsbank, das für den Mast vorgesehen war. Der Riemen paßte.

»Wir nehmen zwei Riemen«, schlug Boywitt vor, »binden sie zusammen, dann haben wir schon mal einen Mast! Den dritten verwenden wir für die Querrahe. Aus der Persenning können wir ein Segel machen. Es hat keinen Wert, zu warten.«

Kuert nickte: Wie gut war es, Boywitt dabei zu haben.

Das Boot trieb in der Dünung. Jetzt, da es aus dem Wasser ragte, hörten sie das leise, stetige Klatschen der Wellen gegen die Seiten des Bootes. Da war noch ein anderes Geräusch! Kuert hob den Kopf. Es war sehr ferne. Es klang wie das Geräusch eines Dieselmotors. Das U-Boot? Das Geräusch verstummte. Er war seiner Sache nicht sicher, und er machte keine Bemerkung darüber.

Er legte die Taue und die Persenning bereit.

»Gut«, sagte er, »fangen wir an.«

Die beiden Wachoffiziere von U 43 standen vorne auf der Back des Bootes. Von der Brücke aus sah Schwandtke nur ihre dunklen Schatten, aber er hörte ihre Rufe: »What ship? Who are you?«

Die Hilferufe aus der Dunkelheit schienen lauter zu werden. Schwandtke glaubte englische Laute zu hören. *Help! Help!* Wie viele der 365köpfigen Besatzung der *Doggerbank* die Torpedierung und den Untergang des Schiffes überlebt hatten? Die genaue Zahl wird nie feststellbar sein, aber es ist wahrscheinlich, daß etwa ein Drittel der Besatzung in diesem Augenblick noch lebte, und sicher hätten diese hundert Mann gerettet werden können – aber niemand auf U 43 schien irgendeinen Zweifel daran zu haben, daß man ein englisches Schiff versenkt hatte.

Die beiden Wachoffiziere auf der Back riefen noch immer zu den Schiffbrüchigen hinüber.

Ein Wrackteil schlug mit dumpfem Poltern gegen den Bootskörper. »Beeilt euch!« rief Schwandtke ihnen zu. »Wir müssen weg.«

Die beiden Offiziere kamen über das Deck auf den Turm zurück. »Nun?« fragte Schwandtke. »Haben Sie was rausbekommen?«

»Ich bin nicht sicher«, berichtete der Erste WO. »Ich hörte einen Schrei . . . Könnte ein englischer Schiffsname gewesen sein.«

»Die *Dunedin Star*?« Das war bisher der einzige Anhaltspunkt – die Ähnlichkeit des Schiffes mit diesem Typ, so wie man es im Lloyd-Register festgestellt hatte.

»Sicher bin ich nicht.«

Wieder stieß eines der um sie treibenden Wrackteile dumpf gegen das Boot.

Die Hilfeschreie wurden plötzlich lauter.

»Ein Schlauchboot, Herr Oberleutnant!« meldete der Backbordausguck. »Ziemlich großes Boot. Mit ziemlich vielen Leuten . . .« Seine Stimme wurde aufgeregter. »Ein paar

Mann gehen ins Wasser, schwimmen auf uns zu ... Sind höchstens noch zwanzig Meter weg!«

Schwandtke gab seine Befehle. Die Diesel sprangen an. Das Boot fuhr rückwärts von der Versenkungsstelle weg. Schwandtke blickte durch sein Nachtglas zurück auf die Trümmer und die Menschen ...

Warum hatte er niemanden aufgefischt? Ein Befehl, es nicht zu tun, bestand nicht. Einen Tag später sollte U 515 südlich der Azoren ein englisches Schiff versenken; der Kommandant erfuhr den Namen, weil er den Maschinisten des Engländers an Bord nahm. Warum nicht Schwandtke? Zumal in der Nacht, wo sein Boot ungefährdet von der Entdeckung durch Flugzeuge war? Im Kriegstagebuch von U 43 ist ausdrücklich erwähnt, daß Schwandtke befürchtete, daß sich die herumschwimmenden Tampen und Trümmer in den Schrauben seines Bootes verfangen könnten. Aber der Grund scheint konstruiert.

Schwandtkes Handlungsweise bleibt ein Rätsel.

Um 10.30 Uhr erreichte U 43 seine Position in der Gruppe ›Tümmler‹.

Von U 66, dem Nachbarboot in der Vorpostenkette, kamen Blinkzeichen.

U 43 gab sein Erkennungssignal und berichtete von seinem Erfolg.

GRATULIERE, kam die Antwort durch die Nacht.

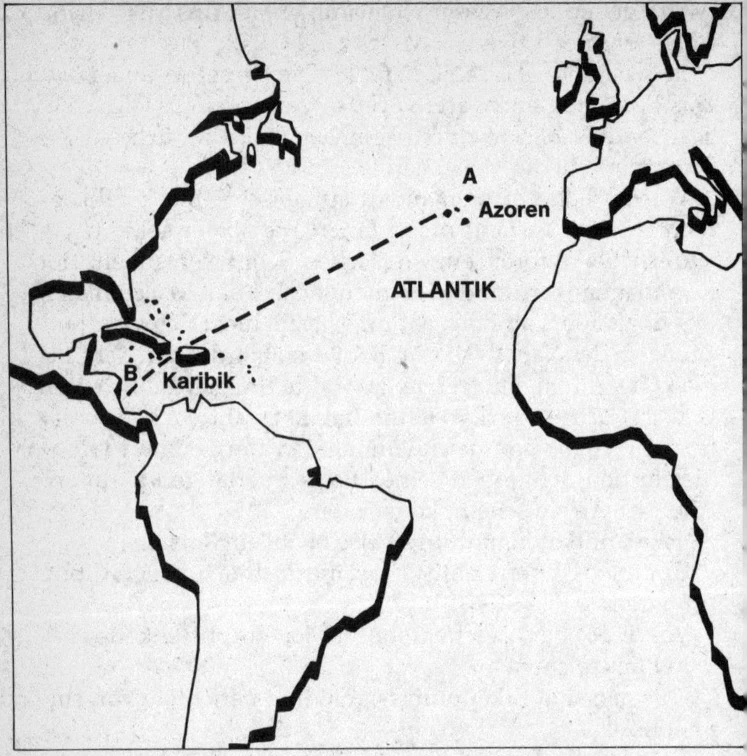

Sechsundzwanzig Tage dauerte die Odyssee; das Boot mit den Überlebenden der *Doggerbank* legte dabei von der Versenkungsstelle (A) bis zur Rettung des letzten Überlebenden in der Karibik (B) über eintausendachthundert Seemeilen zurück

Versenkung Doggerbank, 3. III. 21 50 Operation Gruppe Tümmler

Gruppe »Tümmler«	**Pos. U 43**
U 504, U 66, U 43, U 202, U 558,	3. III.
U 106, U 521	Pos. 1 12 00 28 30 N 35 40 W
Pos. VP Streifen von 29 40 N	Pos. 2 17 12 28 30 N 35 10 W
35 40 W bis 26 30 N 35 40 W	Pos. 3 19 00 28 50 N 34 50 W
3. III. 00 00	Pos. 4 20 21 29 05 N 35 00 W
3. III. 12 00 Kurs 90° 6 sm	Pos. 5 20 56 29 10 N 34 45 W
3. III. 21 00 in erreichter Standlinie stehenbleiben	Pos. 6 Position Doggerbank beim Tauchen U 43
ab 21 00 Kurs 270° 7 sm	Versenkungsposition 29 05 N 34 45 W

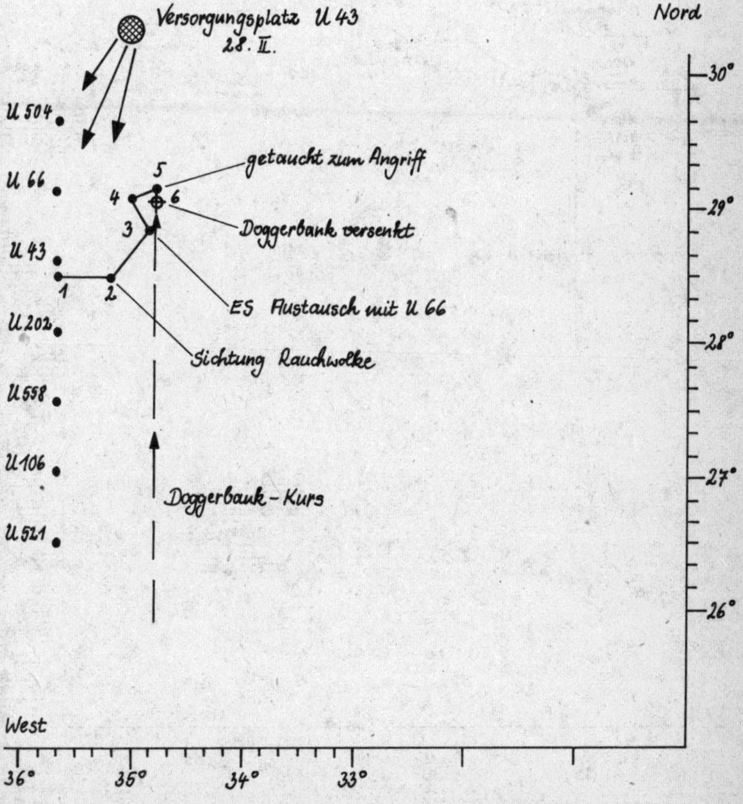

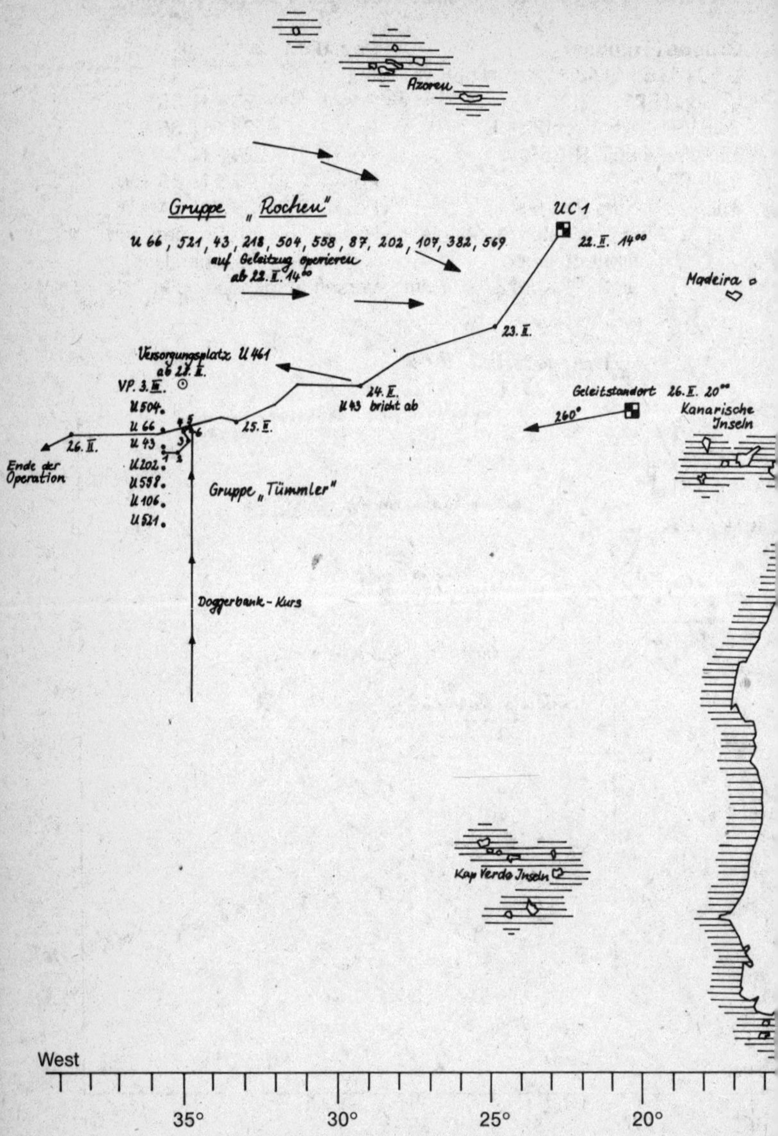

Azoren
Gruppe „Rochen"
U 66, 521, 43, 218, 504, 558, 87, 202, 107, 382, 569
auf Geleitzug operieren
ab 22. II. 14⁰⁰
UC 1
22. II. 14⁰⁰
Madeira
23. II.
Versorgungsplatz U 461
ab 27. II.
VP. 3. III.
24. II.
U 43 bricht ab
Geleitstandort 26. II. 20⁰⁰
260°
Kanarische Inseln
U 504
U 66
U 43
U 202
U 558
U 106
U 521
25. II.
26. II.
Ende der Operation
Gruppe „Tümmler"
Doggerbank-Kurs
Kap Verde Inseln
West
35°
30°
25°
20°

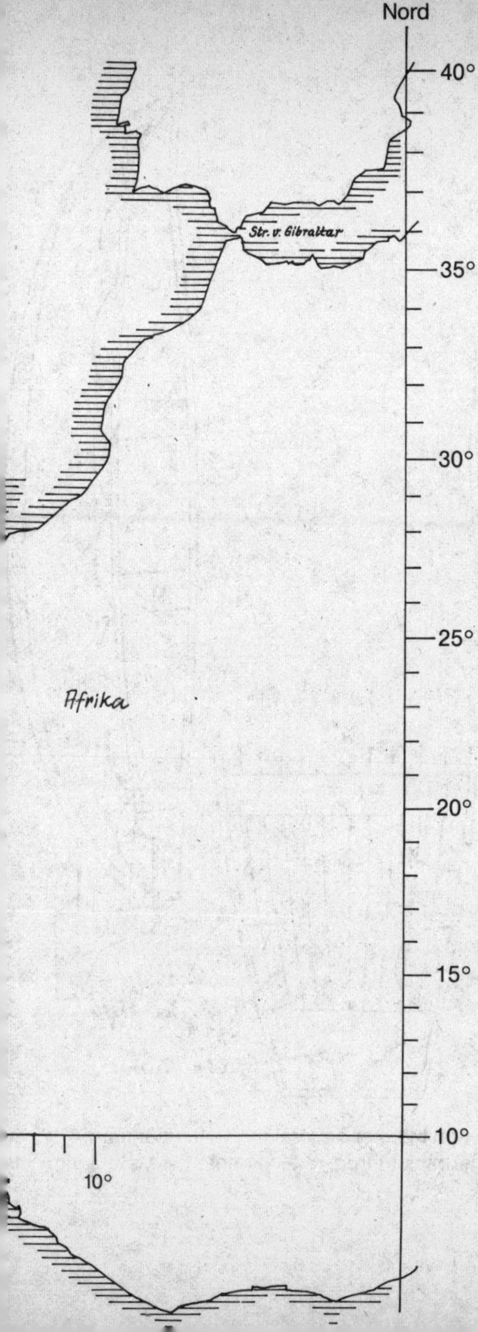

U-Bootsoperationen
vor und während
Versenkung Doggerbank
ab 22. II. 43 – 3. III. 43

Versenkung
Doggerbank
3. III. 21^{50}

Gruppe »Tümmler«
U 504, U 66, U 43, U 202,
U 558, U 106, U 521
Pos. VP Streifen von
29^{40} N 35^{40} W bis
26^{30} N 35^{40} W
3. III. 00^{00}
3. III. 12^{00} Kurs 90° 6 sm
3. III. 21^{00} in erreichter Standlinie stehenbleiben ab 21^{00} Kurs 270° 7 sm

Pos. U 43
3. III.

Pos. 1	12^{00}	28^{30} N	35^{40} W
Pos. 2	17^{12}	28^{30} N	35^{10} W
Pos. 3	19^{00}	28^{50} N	34^{50} W
Pos. 4	20^{21}	29^{05} N	35^{00} W
Pos. 5	20^{56}	29^{10} N	34^{45} W
Pos. 6	Position Doggerbank beim Tauchen U 43		

Versenkungsposition
29^{05} N 34^{45} W

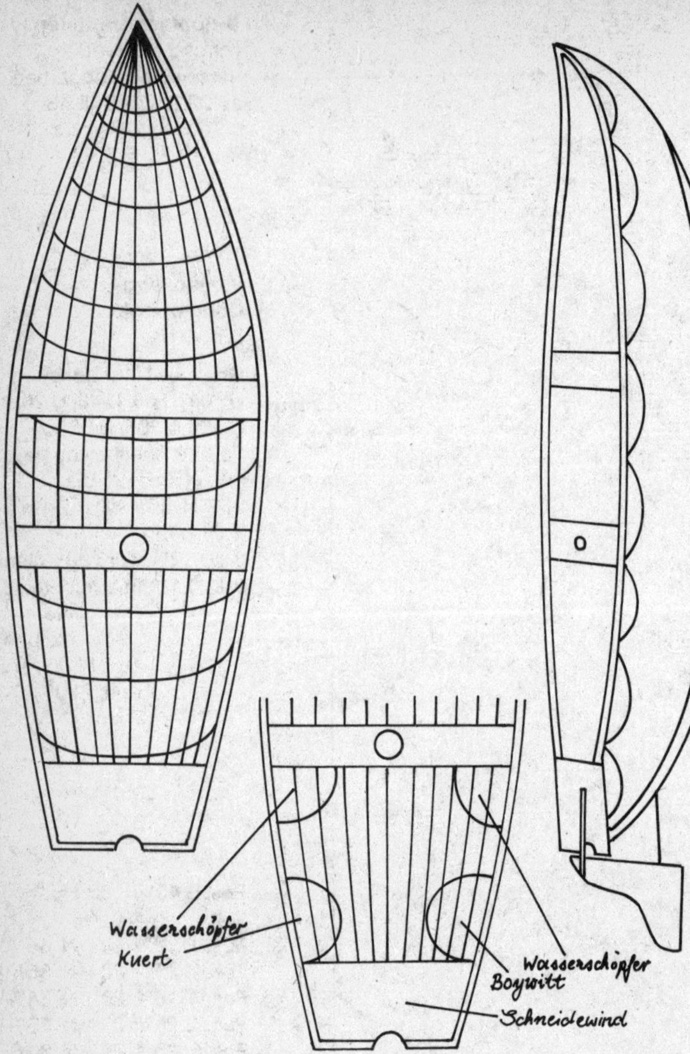

Die Jolle, in der sich fünfzehn Männer der dreihundertundfünfund-sechzig, die auf der Doggerbank fuhren, retten konnten: 4 Meter lang, 1,80 Meter breit

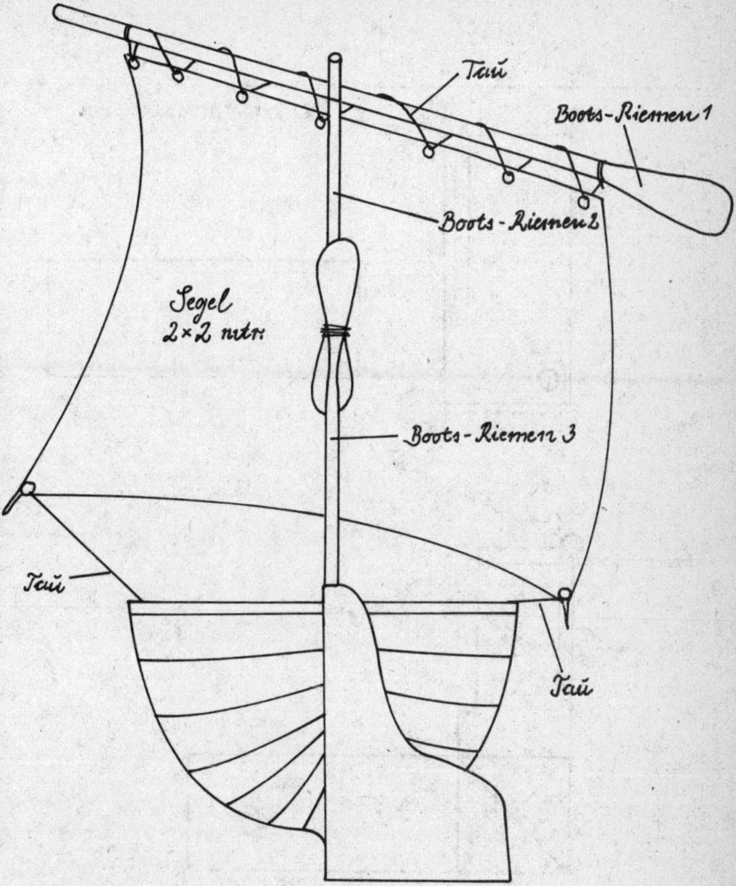

Eine kleine Jolle kam nach der Versenkung der *Doggerbank* als einzige zu Wasser. Die Überlebenden fertigten ein behelfsmäßiges Segel aus einer aus dem Wasser aufgefischten Persènning und drei Bootsriemen.

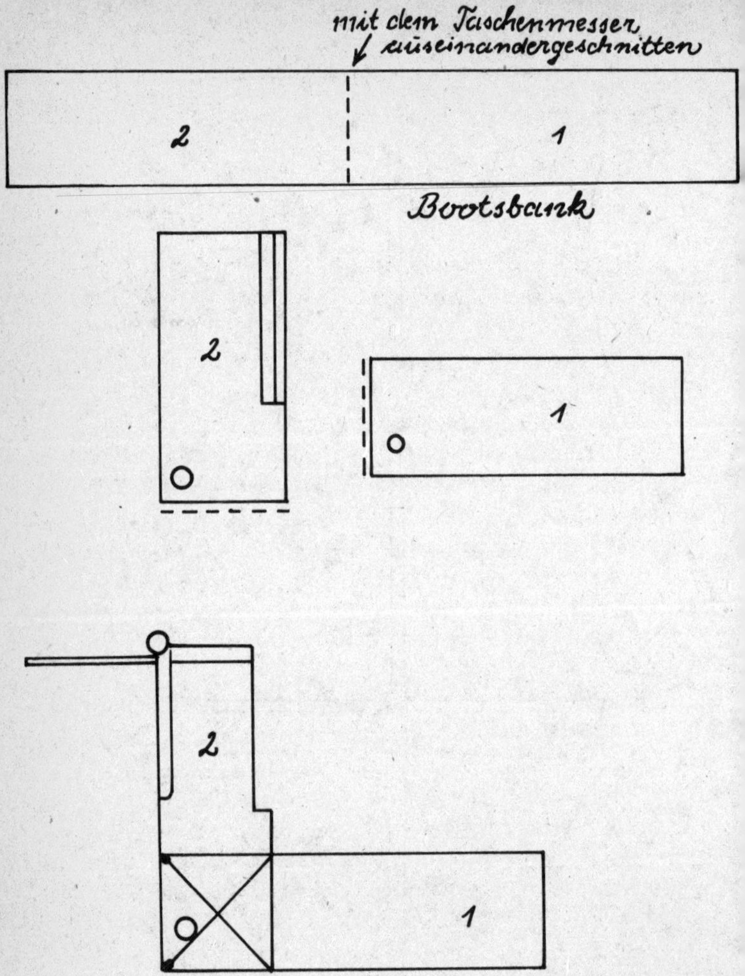

Nach Verlust des Ruders bei einem Sturm fertigten die Überlebenden aus der Bootsbank nur mit Hilfe eines kleinen Taschenmessers ein Notruder, mit dem sich die Jolle steuern ließ.

ZWEITER TEIL

Das Boot

17

Sie hatten die ganze Nacht über nicht geruht, und im ersten grauen Zwielicht der Morgendämmerung war das Behelfssegel fertig. Boywitt zog die vierkantige, ölgetränkte Persenning am Mast hoch. Dann warteten sie in der Kühle des Morgens auf den Wind.

Kuert hatte sich ans Ruder gesetzt. Boywitt hielt das Tauende, mit dem er das Segel arbeiten lassen konnte. Es war ein großes Segel für die kleine Jolle, und als der Wind aufkam, gewannen sie schnell an Fahrt.

Kuert sah Boywitt an. »Achtung! Ich wende!« Er legte das Ruder um, langsam, behutsam. Das schwere Segel schlug ächzend um. Er ließ die Jolle einen Halbkreis beschreiben. Er probierte ein paar scharfe Wendungen – die Jolle gehorchte.

»Wir segeln!« schrie er. »Mein Gott, Papa, wir segeln!« Er beugte sich herab und rief Stachnovski unter dem Segel hindurch zu: »Halt nach den Trümmern Ausschau. Vielleicht finden wir die anderen . . .«

Sie waren in der Nacht von der Stelle der Versenkung abgetrieben worden. Um sie war nichts als das Meer, grau unter dem unheimlichen Zwielicht im Osten. Die Wolken hingen über dem Wasser, bleiern grau wie das Wasser. Trümmer von der Versenkung waren nicht mehr zu sehen.

Das Holz der Ruderpinne fühlte sich gut an. Kuert spürte keinerlei Panik. Wann immer die Gedanken an die Augenblicke der Torpedierung kamen, drängte er sie zurück. Er hielt sich an die Gegenwart. Die Nacht hatte ihm überraschend wenig ausgemacht. Er wunderte sich, wie wenig er fror.

Du bist gut in Form. Du bist schon abgesoffen, als du schlechter dran warst. Du bist gut im Fett und ausgeruht. Drei Monate Nichtstun in Japan haben dir gutgetan.

Er blickte auf seine Brust herunter, auf die muskulösen Arme. Er hatte sein bestes Gewicht, fast 180 Pfund. Daß er den Rettungsgürtel nicht besaß irritierte ihn – aber er war weit davon entfernt, beunruhigt zu sein . . .

Der Wind war stärker geworden. Es wurde jetzt schnell hell. Boywitt beobachtete die hochziehenden Wolken. »Der Wind wird halten.«

»Mach langsam«, rief Stachnovski. Steuerbord trieben Kisten und Lukendeckel vorbei. Wieder kam Stachnovskis Stimme: »Da! Steuerbord . . . Ob die noch leben?«

Kuert hatte die Köpfe bereits gesehen. Er hielt darauf zu. Er zählte sieben. Sie hingen in ihren Schwimmwesten, das Gesicht nach unten. Man sah von ihnen nur die Schwimmwesten und den Kranz der im Wasser ausgebreiteten Haare . . .

Er führte das Boot noch näher heran. Er beugte sich über den Rand, packte die Schwimmweste und zog den Kopf des Toten über Wasser. Blonde nasse Haare fielen über das Gesicht und . . . Er ließ den Mann entsetzt sinken, aber er hatte es doch gesehen: dunkles Blutgerinnsel an den Ohren und um die Augen.

Boywitt hob die Hand, berührte seine Stirn, die Brust, die linke und rechte Schulter; seine Lippen bewegten sich, als er sich bekreuzigte.

Kuert schluckte. »Kordes, das war Kordes.« Er warf das Ruder herum und führte das Boot von dem Toten weg. Die ganze Zeit sah er es vor sich: Kordes, gestern abend, kurz vor der Torpedierung, auf seiner Koje, vor seinem Koffer, wie er seine letzten Paare Segeltuchschuhe gegen Zigaretten eintauschte, der offenstehende Koffer, angefüllt mit R-6-Packungen . . .

Sie fanden weitere Tote. Immer wieder trieben sie an der Oberfläche. Sie versuchten nicht mehr festzustellen, wer sie waren. Und sie fanden vier, die überlebt hatten.

Zuerst zog Stachnovski den Bootsmaat der Artillerie ins Boot, Gernhöfer, ein Mann von vierzig Jahren. Er war, bis auf ein Hemd, nackt und am Ende seiner Kräfte.

Der nächste war Klockmann, der Offizierssteward. Er war kaum zwanzig, ein Bulle von Kerl, der mit Leichtigkeit ganze Kälber aus der Eisbox nahm und damit die Treppen hinaufstieg, und so hatte ihm die Nacht im Wasser wenig ausgemacht. Nach ihnen fischten sie noch den Ingenieursaspiranten Bergmann auf und den ›Langen‹, Henke, Rudergänger auf der *Doggerbank*.

Keiner von ihnen hatte ein Rettungsboot gesehen. Keiner wußte etwas vom Schicksal des Kapitäns.

Sie waren jetzt acht Mann an Bord, und die kleine Jolle lag tief im Wasser. Die Männer hatten was sie am Leib trugen an Hemden und Jacken ausgezogen, ausgewrungen und zum Trocknen aufgehängt. Sie waren dankbar für die Sonne, die jetzt schien. Eine Stunde verging. Keine Wrackteile, keine Toten, keine Überlebenden. Nur die See. Kuert suchte in den Augen und Mienen der anderen zu lesen. *Acht Mann! Zur Not können wir noch drei oder vier aufnehmen.* Und dann? Dann gab es nur noch eines: Land. Sie mußten die Küste erreichen. Aber welche Küste? Er versuchte, sich das Kartenbild vorzustellen, die Küsten, Inselgruppen. Aber er sah nur das Meer, weit, leer und grenzenlos.

Er beugte sich zu Boywitt. Er senkte seine Stimme, damit die anderen ihn nicht hörten. »Verstehst du etwas von Navigation?«

Boywitt blickte auf seine Hände, die das zum Segel führende Tauende hielten. »Nicht genug.«

»Immerhin haben wir das Boot.«

»Nur der Alte verstünde genug.«

Sie verstanden sich ohne viele Worte.

Stachnovski kam unter dem Segel durch nach hinten gekrochen. Sein schmales Gesicht war nur noch ein hohlwangiger Schatten. Kuert bemerkte, daß die Tätowierung auf seiner Brust vom Salzwasser angefressen war.

»Glaubt ihr noch immer, daß wir eines der Rettungsboote finden?« fragte Stachnovski.

»Wenn eines zu Wasser gekommen ist.«

»Und wenn nicht?«

»Alter Schwarzseher! Du wolltest dir doch immer einen Bart stehen lassen. Jetzt hast du Zeit dazu, Perunie.«

Aber Stachnovski ließ sich nicht beirren. »Weißt du, was das bedeutet? Wir sind fertig, Fritz! Nichts zu fressen, kein Wasser, keinen Tropfen Trinkwasser . . .«

»Geh' an deinen Platz nach vorn«, unterbrach Kuert ihn. »Und hör' auf zu denken! Denken ist nichts für Schiffbrüchige . . .«

Das habe ich ihnen voraus.

Keiner von den anderen war je abgesoffen. Er hatte es viele Male erlebt, viele Schiffe verloren. Er hatte so viele dabei sterben sehen, daß er sich keine Illusionen machte. Aber eines wußte er aus Erfahrung: Denken war Gift. Es zerstörte alle Kraft. Aufpassen, wachsam sein, aber nicht denken. Und wenn, dann nicht weiter als bis zur nächsten Minute . . .

18

»Das U-Boot!« Der Schrei kam von Stachnovski, von seinem Platz als Ausguck an der Spitze der Jolle. »Ich habe das Periskop gesehen!« Er deutete in die Sonne, und für einen Augenblick lang erlag auch Kuert der Täuschung. Er war unfähig, sich zu rühren, etwas zu sagen.

»Es ist das Schlauchboot«, sagte Papa Boywitt schließlich. Jetzt war es klar zu erkennen: Das große Schlauchboot der *Doggerbank*, das zum Transport von Torpedos diente, schwabberte in der Dünung. Das, was Stachnovski für ein Periskop gehalten hatte, war nichts als ein Ruderriemen, an dem ein Unterhemd flatterte.

Kuert segelte darauf zu, bis er hinter dem hohen Wulst des Schlauchbootes die eng zusammengedrängten Männer sah, sicher an die dreißig. Draußen im Wasser hingen weitere dreißig bis vierzig Männer an den Handseilen.

Sie waren mit der Jolle bis auf dreißig Meter herangekommen. Plötzlich ließ Kuert das Boot abfallen. Boywitt sah fragend auf.

»Wenn die plötzlich alle zusammen zu uns in die Jolle wollen, schmeißen sie uns das Boot um«, sagte Kuert. »Wir gehen nur auf Rufweite heran.«

»Der Käpt'n!« schrie Stachnovski. »Ich glaube, der ›Schneiderling‹ ist dabei.« Es war Schneidewinds Spitzname unter der Besatzung.

Kuert erkannte die weiße Mütze und die blaue Jacke. Er führte die Jolle vorsichtig näher an das Schlauchboot heran.

»Wer führt das Boot?« Es war wirklich Schneidewinds Stimme, die sie anrief.

»Bootsmann Kuert!« Es kam ihm ganz selbstverständlich über die Lippen, obwohl Papa Boywitt älter war.

»Wieviel Mann?«

»Acht.«

»Habt ihr kein Rettungsboot gesehen?«

»Wir haben alles abgesucht.«

Eine Weile herrschte Schweigen. Dann kam Schneidewinds Stimme: »Sucht weiter! Wir müssen ein Boot finden. Das Schlauchboot ist leck, und wir sind zu viele Leute. Sucht noch mal alles ab . . .«

Kuert blickte hinüber zu der weißen Mütze. Er dachte nicht an die anderen. Er dachte nur daran, daß sie einen Mann brauchten, der etwas von Navigation verstand. Nach seiner Erfahrung mit dem Rettungsboot war er fast sicher, daß keines der anderen Rettungsboote losgekommen war. Die Zeit war einfach zu kurz gewesen. Aber darum ging es ihm jetzt nicht.

Er beugte sich vor, hob die Hände an den Mund. »Wie wär's, wenn einer von den Offizieren in die Jolle käme?«

Sie sahen, wie sie drüben beratschlagten. Dann trug der Wind Schneidewinds Stimme herüber:

»In Ordnung! Fischer kommt zu Ihnen.«

»Nur der nicht!« protestierte Perunie. »Halt uns bloß den Spinner vom Hals, Fritz! Der kriegt es fertig und läßt uns hier strammstehen . . .«

Kuert sah einen nach dem anderen an. Und einer nach dem anderen schüttelte den Kopf. Er formte die Hände zu einem Trichter: »Wie wär's, wenn Sie selber kommen, Käpt'n?«

Er ließ das Schlauchboot nicht aus den Augen, jederzeit bereit, das Ruder herumzuwerfen. Er sah ein paar Mann Wasser pumpen. Endlich kam Schneidewinds Antwort:

»Gut. Holt mich.«

Kuert beobachtete, wie der Käpt'n sich über den Rand des Bootes ins Wasser ließ. Er gab seine Anweisungen: »Perunie, du schnappst ihn dir.« Er stieß Boywitt an: »Aufpassen.«

Schneidewind war vielleicht zehn Meter geschwommen, als Stachnovski ihn zu fassen bekam: »Ich hab' ihn!«

Kuert warf das Ruder herum. Die anderen duckten sich, als das Segel herumschlug . . .

Wir sind verdammt gut eingespielt, Kuert dachte es voller Stolz. Und jetzt, wo sie den Kapitän an Bord hatten, waren ihre Chancen noch besser.

Der Kapitän der *Doggerbank* hatte auf der hinteren Bank am Ruder Platz genommen, immer noch in seiner triefendnassen Uniform. Er war der einzige von ihnen, der vollständig bekleidet war. Er besah sich das Segel und blickte dann auf die acht Männer in der Jolle. Für Sekunden lag ein bitterer, verzweifelter Zug um seinen Mund, verschwand aber sofort, als er Kuerts Blick bemerkte.

»Was ist mit Ihrem Rettungsboot, Kuert? Warum ist es nicht zu Wasser gekommen?«

Kuert hatte seinen Platz am Ruder für den Kapitän freigemacht und sich Boywitt gegenüber auf den Boden gesetzt.

»Ich konnte es nicht zu Wasser bekommen. Die Zeit war zu kurz.« Er berichtete. Er vermied, von dem U-Boot zu sprechen, danach zu fragen.

»Nichts gesichtet?«

»Glaube nicht, daß sie zu Wasser gekommen sind.«

»Wir werden noch mal suchen«, entschied Schneidewind. »Beim Schlauchboot befinden sich über siebzig Mann. Und das Boot ist leck. Vier Mann pumpen ständig. Sie halten vielleicht den Tag noch aus, aber keine Nacht mehr . . .«

Er zog seinen Kapitänsrock aus, und Boywitt hängte ihn zum Trocknen auf. Der dunkle Rollkragenpullover war naß, aber Schneidewind winkte ab; der würde an seinem Körper trocknen. Wieder sah er von einem zum anderen. »Hat jemand das U-Boot gesehen?«

Einer nach dem anderen schüttelte den Kopf. Niemand sagte etwas.

»Im Schlauchboot, da waren einige, die behaupteten, sie hätten es gesehen«, fuhr Schneidewind fort. »In der Nacht, nach der Versenkung . . . Binder war dabei.« Richard Binder war einer der Rudergänger der *Doggerbank*, ein Schwabe und Vollmatrose. »Er sagte, sie seien an das U-Boot herangeschwommen und hätten um Hilfe geschrien. Er will gehört haben, daß vom U-Boot aus nach dem Namen des Schiffes gefragt wurde . . . auf Englisch.«

Stachnovski murmelte einen polnischen Fluch, verstummte aber sofort. Es war klar, daß Schneidewind nicht über das U-Boot sprechen wollte.

»Haben sie jemanden aufgefischt?« fragte Kuert.

»Binder sagt nein. Sie seien bis auf zwanzig Meter an das Boot herangekommen. Als man sie bemerkte, seien die Diesel angesprungen, und das U-Boot habe sich aus dem Staub gemacht . . .«

Der Wind war aufgefrischt. Schneidewind wandte seine Aufmerksamkeit dem Ruder zu. Sie segelten schnell.

Sie entdeckten einige Wrackteile, weit auseinandergezogen.

Sie kreuzten den ganzen Tag lang in allen Richtungen. Sie fanden nur die Ertrunkenen, die in ihren Schwimmwesten hingen, das Gesicht nach unten und mit ausgebreiteten Haaren. Sie fanden kein Boot. Aber sie sichteten schließlich das Floß der *Doggerbank*.

Die Dämmerung hatte schon begonnen. Das klobige, schwere Floß schwamm auf zwei verzinkten Tonnen, die fast zwei Meter hoch aus dem Wasser ragten. Oben auf den Brettern saßen Henry Schaper, einer der Ingenieure der *Doggerbank*, Thielmann, einer der Heizer, und – was sie erst bemerkten, als Waldemar Ring einen Schrei ausstieß – der Schiffshund, Leo.

Der grauweiße Foxl sprang mit einem Satz in die Jolle, Ring auf die Brust. Jaulend leckte der Hund dem Schiffsjungen das Gesicht ab, verkroch sich dann zwischen seine Beine . . .

Schaper und Thielmann stiegen in die Jolle über, und dann nahmen sie auf Befehl Schneidewinds das Floß in Schlepp. Es hatte Platz für gut zwanzig Männer, und so konnte sich wenigstens ein Teil der Leute vom Schlauchboot darauf retten. Es wurde jetzt schnell dunkel. Sie kamen kaum voran mit dem klobigen und schweren Floß im Schlepp.

So segelten sie bis weit in die Nacht. Sie mußten nach Meinung Schneidewinds ganz in der Nähe des Schlauchbootes sein. Sie schrien in die Dunkelheit, abwechselnd, um Kräfte zu schonen. Sie bekamen keine Antwort.

Schließlich gab der Kapitän die Suche auf. Boywitt ließ das Segel herunter. Sie vertäuten das Floß so, daß die Jolle in seinem Windschatten lag und ließen sich treiben . . .

Der Wind war stärker geworden. Kuert spürte zum erstenmal die Kälte. Dies war ihre zweite Nacht. Er hatte seinen Platz an der Seite des Kapitäns beibehalten.

Die anderen neun Männer hatten sich auf den Boden der Jolle gelegt. Sie lagen eng zusammen auf den harten Holzrippen, um sich gegenseitig zu wärmen. Von Zeit zu Zeit bewegten sie sich unter dem Rest der Persenning, mit dem sie sich zugedeckt hatten.

Um sie waren nur die Geräusche der Nacht: Das stete Geräusch der Wellen, die klatschend gegen die hohlen Tonnen des Floßes schlugen, die Bewegungen der Männer im Schlaf ... da war noch etwas anderes, gemurmelte Worte: Boywitt, der betete ... Kuert döste vor sich hin. Er hielt den Kopf auf den angezogenen Knien, erschauernd in dem eisigen Wind und von einer Kälte, die nichts mit der Kälte der Nacht zu tun hatte, sondern ein wortloses Begreifen ihrer Situation war.

Wann immer er aufsah, sah er den Kapitän reglos auf der Ruderbank sitzen, jetzt wieder in seinem Rock. Die Knöpfe blitzten. Seine Mütze leuchtete weiß. Und die eine Seite seines Gesichtes war weiß im Licht des Mondes.

Schneidewind schlief die ganze Nacht nicht. Er saß dort, kerzengerade, steif und wachsam. So wartete er auf den Morgen und der Bootsmann Kuert mit ihm ...

19

Der Morgen des zweiten Tages nach der Versenkung begann so hoffnungslos und grau wie die Nacht gewesen war.

Die See war unruhiger geworden. Die elf Männer in der kleinen Jolle erhoben sich, zitternd und steif vor Kälte. Sie blickten schweigend auf die weißen Schaumkronen unter dem grauen Himmel.

Es war Schneidewind, der sie ermunterte, aufrüttelte: »Wir müssen weiter. Wir müssen das Schlauchboot finden.«

Boywitt zog das Segel auf. Sie segelten, das schwere Floß im Schlepp. Sie kamen noch langsamer voran als am vergangenen Tag, in der wogenden See, in der die Jolle heftig rollte.

Nach einer Stunde hatten sie noch immer nichts von dem Schlauchboot entdeckt. Aber Stachnovski sah es als erster: schwarze, tanzende Punkte auf den Wellenkämmen. Sie verschwanden in den Wellentälern, tauchten wieder auf. Als Schneidewind darauf zuhielt, erkannten sie die Köpfe der Schwimmer, die verzweifelt gegen die schwere See ankämpften ...

»Vier«, zählte Kuert. »Es sind nur vier.« Sie waren jetzt so nah, daß er sie erkennen konnte. »Binder ist dabei – und Bahrend ...« Er blickte Schneidewind fragend an.

Der Kapitän saß steif am Ruder. Trotz seiner Beherrschtheit zeigte sein Gesicht jetzt Entsetzen.

»Mein Gott!« Die Worte kamen kaum verständlich von seinen Lippen. »Mein Gott. Die waren im Schlauchboot ... Nur vier?« Sie suchten das Meer mit den Augen ab, aber sie sahen nur vier Köpfe.

Sie holten sie einzeln ins Boot; Binder, ein Vollmatrose, zwanzig Jahre, ein Schwabe aus Waldshut, der trotz seiner zwanzig Jahre schon fast eine Glatze hatte; Heller, neunzehn Jahre, auch er von der Kriegsmarine und in Yokohama auf die *Doggerbank* übergestiegen, er stammte aus der Nähe von Lübeck, Sohn von kleinen Bauern; Schuster, auch er wenig älter als neunzehn, ein Sachse, ein schmächtiges Jüngelchen, still, dessen Eltern in Leipzig bei einem Bombenangriff ums Leben gekommen waren; schließlich Bahrend, der ehemalige Koch. Sie alle lehnten dort, ausgepumpt, mit grauen, eingefallenen Gesichtern, aus denen die Erkenntnis, daß sie gerettet waren, die Schrecken des Erlebten noch nicht hatte verdrängen können ...

Kuert hatte sich zu Bahrend herabgebeugt. Er blickte in ein jammervolles Gesicht. Er packte ihn bei den Schultern, als müsse er ihn wachrütteln. »Was war los?«

Stachnovski sagte: »Jetzt wird's wenigstens nicht langweilig! Jetzt haben wir unseren Geschichtenerzähler dabei.« Aber seine Stimme zitterte, als er es sagte.

»Was ist passiert?« wiederholte Kuert. Bahrend wehrte ab; mit einer erschöpften, resignierenden Handbewegung, die Kuert einen Stich gab. Er wies auf Binder. »He knows. He can tell you.«

»Was ist mit dem Schlauchboot?« fragte Schneidewind.

»Das Boot ist weg«, sagte Binder stockend.

»Wieso?«

»Gestern abend. Einige glaubten, ihr wäret abgehauen, ohne uns . . . damit fing es an . . .« Er schlug die Hände vors Gesicht. Binder war berühmt an Bord für sein Lachen – und seine Schwestern. Er hatte sechs davon, und er war immer auf der Suche nach Männern für sie; er hatte auch diesmal zwei Aspiranten gefunden, die er mit sich in den Urlaub zu nehmen gedachte, um ihnen seine Schwestern vorzustellen. Er hatte Fotografien von ihnen, hübsche Mädchen; sie waren sozusagen sein Tauschobjekt: »Deine Zigarettenration, und du kannst mein Schwager werden«, – das war eine Redensart von ihm, begleitet von diesem hellen, fast mädchenhaften Lachen. Niemand wußte so recht, ob er es ernst meinte . . .

»Die Leute wollten nicht mehr pumpen«, fuhr Binder fort, »sagten, es hätte doch keinen Sinn mehr . . . Einige haben sich abtreiben lassen. Und dann . . . erschoß sich Fischer.«

Schneidewind sah in diesem Augenblick alt aus, ein geschlagener Mann. »Er hatte eine Waffe?«

Binder nickte. »Eine Pistole, in einem wasserdichten Beutel um den Hals . . .«

Schneidewind faßte auf seine Brust. Kuert beobachtete die Bewegung, aber er schenkte ihr in diesem Augenblick weiter keine Beachtung.

»Er hat sich erschossen?« fragte Schneidewind.

»Er fing mit dem Wahnsinn an . . . Er hat sich als erster erschossen. Die in seiner Nähe müssen die Pistole aufgefangen haben. Die waren alle verrückt . . . Wir hörten acht Schuß.«

Schneidewinds unbewegtes Gesicht war nur Selbstschutz. Für eine Sekunde schloß er die Augen, als könne er so der Wahrheit ausweichen – dann blickte er über das Boot, die kleine Jolle, zählte die Köpfe, fünfzehn Mann, der Rest von dreihundertfünfundsechzig.

»Danach wußte keiner mehr, was er tat«, sagte Binder. »Die gerieten alle in Panik. Ließen sich einfach abtreiben. Ein paar klammerten sich an das Schlauchboot, aber niemand pumpte mehr, und es sank schnell.«

»Wie viele leben noch?« fragte Schneidewind.

»Von uns? – Bloß wir, Jan Bahrend, Heller, Schuster und ich. Nur wir vier hatten eine Schwimmweste. Sonst lebt sicher keiner mehr . . .«

Im Boot war es still. Ein fast unnatürliches Schweigen. Die Männer in der Jolle sahen ihren Kapitän an. Auf ihren Gesichtern lagen Grauen, Angst. Der Tod der anderen – er war plötzlich vergessen, unwirklich, sie hatten Angst um sich. Hatten *sie* eine Chance?

Ihre Augen waren auf Schneidewind gerichtet. Der Respekt, das bedingungslose Vertrauen, das sie ihm immer entgegengebracht hatten, es war das einzig Gewisse. Sie klammerten sich daran in dieser Stunde, in der es sonst nichts gab.

Unter ihren Blicken schien der Kapitän sich aufzurichten. »Jeder sieht seine Taschen durch«, sagte er. Aber das Ergebnis war gleich null. Niemand trug etwas anderes am Leib als den Rest seiner Kleider. Nicht einmal ein Krümel Tabak fand sich.

»Es gibt nur eins für uns«, sagte Schneidewind schließlich. »Wir müssen sehen, daß wir Land erreichen.«

Sie sahen ihn nur an, fünfzehn Mann in einer Jolle, die kaum zehn Zentimeter aus dem Wasser ragte. Sie waren tausend Meilen von der nächsten Küste entfernt, waren ohne Kompaß, ohne Proviant, ohne Trinkwasser . . . Wieder stand die Aussichtslosigkeit ihrer Situation auf ihren Gesichtern.

»Die Azoren liegen am nächsten«, sagte Schneidewind. »Aber die Aussichten sind nicht groß. Wir hätten den Wind gegen uns. Außerdem wird es nach Norden zu kälter. Die Azoren scheiden aus . . .«

Die Sonne kam für Augenblicke hinter den Wolken hervor, aber sie gab kaum Wärme.

»Die Bahamas? Das sind Strömungen, die wir nicht schaffen mit unserem überfüllten Boot.« Er schwieg, sagte dann, als sei der Gedanke schon fertig in seinem Kopf gewesen: »Wir haben nur eine Chance – Südamerika.«

Sie sahen sich an, blickten auf das Meer – Südamerika? Es war ein unvorstellbarer Gedanke.

»Mit dieser Nußschale?« sagte Stachnovski. »Ohne was zu fressen? Ohne Wasser?«

»Es wird keine leichte Fahrt«, antwortete Schneidewind, »aber wir haben den Wind im Rücken. Und es zu versuchen, ist besser als nichts zu tun.«

»Wie lange werden wir brauchen?« fragte Kuert.

»Wir kreuzen auf unserer Route mindestens sieben neutrale Schiffsrouten. Außerdem wird es wärmer, je weiter wir nach Süden kommen . . . Zwanzig Tage – im günstigsten Fall.«

Zwanzig Tage in dieser Jolle, dachte Kuert. Aber er sagte nur: »Und das Floß?«

Das Floß lag an der Seite ihres schwankenden Bootes. Es war eine sichere Insel, praktisch unsinkbar, selbst im schwersten Sturm.

Alle fünfzehn hätten leicht darauf Platz gefunden; es war eine wahnsinnige Entscheidung, und Kuert war froh, daß er sie nicht zu treffen hatte.

»Wir müssen es treiben lassen«, entschied Schneidewind. »Mit dem schweren Floß schaffen wir keine drei Meilen in der Stunde. Und wir müssen segeln! Segeln, so schnell und so lange wir können . . .«

Seine Hand fuhr in die Seitentasche seiner Uniformjacke. Als er sie hervorzog, hatte er ein Messer in der Hand, ein flaches, silbernes Taschenmesser mit einer Klinge. »Kappen Sie das Tau, Kuert. Wer weiß, wozu wir es noch brauchen . . .«

Kuert zog das Floß heran. Das Messer hatte nur eine Klinge. Sie war schartig, als er das Tau endlich durchschnitten hatte.

Die Männer in der Jolle starrten dem Floß schweigend nach, wie es abtrieb, eine immer kleiner werdende Insel auf dem grauen, aufgewühlten Wasser.

»Behalten Sie es nur«, sagte Schneidewind, als Kuert das Messer zurückgeben wollte.

Er schloß seine Hand um das Messer. Es zu fühlen gab ihm ein seltsames Glücksgefühl: Er besaß etwas, als einziger, was die anderen nicht hatten.

Das Floß war jetzt ihren Augen entschwunden . . .

»Zwei Mann halten sich bereit – zum Wasserschöpfen«, befahl Schneidewind. »Stachnovski und Henke – ihr fangt an. Die anderen legen sich in den Steven rein, dann seid ihr warm und gefährdet das Boot nicht. Haltet euch ruhig. Versucht zu schlafen. Schont eure Kräfte.« Er nickte Boywitt zu.

Der alte Fischer zog das Segel auf. Schneidewind nahm das Ruder.

Es war Mittag geworden, vierzig Stunden nach der Versenkung der *Doggerbank*, als der Kapitän die Jolle auf Kurs brachte.

Kuert saß zu Füßen des Kapitäns in der Ducht der Jolle. Es war so eng dort, daß seine Knie die von Boywitt berührten, der ihm gegenüber saß.

Das Glücksgefühl war geblieben, seitdem er das Messer besaß. Er hatte sein Schiff verloren – wieder einmal. Schön, das hier war nicht das Mittelmeer. Schön, er hatte seinen Rettungsgürtel nicht, die Jolle war überfüllt. Aber sie hatten einen Kapitän, der sich auskannte, Und er besaß ein Messer!

Er hatte zwei Kerben in den Rand der Jolle geschnitten, eine für jeden Tag. Er hatte die Holzstückchen in den Mund gesteckt. Er zerkaute sie langsam. Auch das hatten die anderen nicht.

Der Wind war stärker geworden. Sie segelten mit dem Wind und der Stömung. Ab und zu kam die Sonne durch, aber es blieb kalt und frisch.

Alle zwei Stunden löste Kuert Boywitt am Segel ab. Dann wechselten auch die Wasserschöpfer, die am Mast saßen. Nur Schneidewind verließ seinen Platz am Steuer nicht. Die Spannung war aus seinem Gesicht gewichen; er schien jetzt ruhig und zuversichtlich. Der Entschluß war gefaßt, der Kurs stand fest, die Dinge hatten sich eingespielt. Mehr zu tun stand nicht in seiner Macht.

Es wurde jetzt schnell dunkel. Die Geräusche bekamen etwas Unheimliches: das Klatschen der Dünung gegen die Seiten des Bootes und das Zerren des Segels.

»Sie können mich ablösen«, sagte Schneidewind schließlich.

Kuert rutschte vorsichtig auf die Bank, übernahm das Ruder. Er blickte auf das Segel.

»Das Segel bleibt oben«, befahl Schneidewind. »Wir haben bestimmt sieben bis acht Meilen in der Stunde gemacht. Aber wir müssen weitermachen, auch in der Nacht . . .«

Die Sterne waren herausgekommen, flackernd und kalt.

»Sehen Sie den Großen Bären, Kuert?«

Er sah die Hand des Kapitäns. Sie zeigte nach Steuerbord, achteraus.

»Steuern Sie so, daß wir ihn immer fünf bis zehn Grad Steuerbord achteraus haben.« Die Stimme war sehr beherrscht und ruhig. »Dann können wir gar nicht falsch segeln . . .«

Ohne ihn wärest du verdammt aufgeschmissen, dachte Kuert. Mit der einen Hand hielt er das Ruder. Mit der anderen fühlte er nach dem Messer, das er in das Gummiband seiner Unterhose eingerollt hatte; wieder dachte er, wie gut es war, etwas zu besitzen, das er für sich ganz allein hatte . . . *Du bist ein Glückspilz. Du wirst überleben.*

Kuert schnitt seine Kerbe in den Rand des Bootes – die dritte. Schneidewind hatte in der ersten Morgendämmerung wieder das Ruder übernommen. Boywitt bediente das Segel.

Die anderen erhoben sich, aber nach einem Blick zu den tiefhängenden Wolken krochen sie unter die wärmende Persenning zurück. Von Zeit zu Zeit meckerte einer: »Mach dich nicht so breit.«

Wenn Kuert nicht segelte, versuchte er zu schlafen. Aber der Hunger war stärker als die Müdigkeit. Wenn er ans Essen dachte, wurde sein Kopf ganz leer. Er dachte an zu Hause, an das Stück Pachtland hinter der Zechenwohnung seiner Eltern in Lünen. Dort war er groß geworden, im Schatten der Zeche – bis er schließlich zur See gegangen war. Wie jeder Bergmann hielt sein Vater ein Schwein und Kaninchen. Kuert sah es vor sich: das aufgeschnittene Schwein; mit den Sehnen hing es an dem Holz, ganz rosig lehnte es gegen den rauchgeschwärzten Putz des Hauses. Seine Mutter heizte in der Waschküche den Kessel an. Er roch die Gewürze . . . Thymian vor allem.

Das Bild vor seinen Augen verschwamm. In seinem Magen sägte der Hunger. Er war unfähig, an etwas Bestimmtes zu denken; das Schwein zum Beispiel, warum sah er es nicht mehr? Die brodelnde fette Brühe? Sein ganzer Körper schrie nach Nahrung.

Weder Boywitt noch der Kapitän sagten etwas. Er hörte ihre Mägen knurren, ganz deutlich. Aber sie sagten nichts. Er fragte sich, wie lange sein Stolz stärker sein würde als sein Hunger. Er hatte den unwiderstehlichen Drang, ihnen von dem Schwein zu erzählen. Er biß sich auf die Lippen. Sicher würde einer anfangen, vom Essen zu reden. Er tippte auf Stachnovski. Was der sich wohl ausmalte?

Aber es war dann Jan Bahrend, der vom Essen zu reden begann. Der Koch lehnte gegen den Mast; das war sein Stammplatz, den er sich nicht nehmen ließ; vielleicht war er so stolz darauf wie Kuert auf sein Messer. Bahrend trug noch immer seine Schwimmweste. Er saß dort, steif und aufrecht, unter der Schwimmweste ein seidenes Hemd mit bunten Querstreifen, das Kochtuch – das hatte er gerettet – um den Hals geschlungen. Er hatte nur eine Unterhose gehabt, als sie ihn ins Boot holten. Aber der Koch hatte den Matrosen Heller – den einzigen, der außer Stachnovski und Kapitän Schneidewind eine Hose hatte – so lange beredet, bis dieser sie ihm gab; Bahrend war selbst jetzt noch auf sein Äußeres bedacht; er hätte es nicht ertragen, daß die anderen ihn in der Unterhose sahen!

Die anderen erwachten aus ihrer Lethargie, während Jan erzählte. Er erzählte von türkischen Hähnchen, von Enten mit Melone, gefülltem Truthahn. Er erzählte, wo er sie gegessen habe, wo sie am besten seien, wie sie zubereitet wurden . . .

»You remember the Japanese Steak, we ate in the *New Grand*? Erinnerst du dich noch an das Stück, Fritz, das sie anbrachten, auf dem Holzbrett und dann vor unseren Augen anschnitten . . . damn, you don't even need a knife to cut it – es zergeht dir auf der Zunge, so zart ist es, brauchst kein Messer, nichts . . . wißt ihr, warum? Reines Bullenfleisch, junge Bullen, nur mit Bier gefüttert . . . und massiert. That's the secret! Junge Tiere, werden jeden Tag massiert, von zarten Händen, machen es ganz zart, zartes, rosiges Fleisch, solche Klumpen . . .«

Kuert wußte, während er ihm zuhörte, daß irgend etwas falsch daran war, Jan erzählen zu lassen. Es würde ihren Hunger nur verstärken, ihn qualvoller und unterträglicher machen. Aber er hörte es gerne.

Selbst Stachnovski war ruhig, fluchte nicht, ließ Bahrend reden . . .

Später – in der Erinnerung – war für Kuert der Hunger in diesen drei Tagen – dem dritten, vierten und fünften nach der Versenkung – am schlimmsten, viel schlimmer als der Durst etwa. Und am Morgen des fünften Tages – jedenfalls gab es nun fünf Kerben im Rand der Jolle – wären sie beinahe gekentert, weil es deswegen Streit gab . . .

In der Dämmerung hatte Stachnovski sich an Waldemar Ring herangemacht. Stachnovski hatte versucht, ihm den Hund aus den Armen zu reißen, und dabei geflucht und geschrien: »Schlachten wir doch den verdammten Hund.« Waldemar hatte sich gewehrt, und schließlich hatte er blind zugebissen . . .

Kuert hörte Stachnovskis Schrei. Das Boot schaukelte gefährlich. Der lange Henke hatte den eisernen Schäckelbolzen ergriffen, der sich im Boot befunden hatte, und stürmte damit auf Stachnovski zu.

Kuert konnte sie gerade noch auseinanderreißen.

Stachnovski hielt seine Brust. Als er die Hand wegzog, war sie voller Blut, dort, wo der Moses ihn gebissen hatte.

Stachnovski starrte auf das Blut und schrie hysterisch auf. Henke war bleich geworden. Er ließ den Schäckelbolzen fallen.

»Ich hätte ihn beinahe umgebracht«, stammelte er. »Ich hätt's glatt getan, Fritz.«

Waldemar kauerte am Boden, den Hund an sich gepreßt.

»Was soll der Köter«, sagte Stachnovski. »Dem geht's noch dreckiger als uns.«

Kuert starrte ihn an. Das war nicht mehr Stachnovski. Das war nicht mehr der Mann, der so stolz war auf sein Schiff, seine Kameraden.

»Was soll der Hund«, beharrte Stachnovski. »Ich bin dafür, wir schlachten ihn. Oder wir könnten sein Blut trinken.«

Einen Augenblick dachte Kuert, daß Stachnovski eigentlich recht hatte. Er erschrak vor sich selber. Wie konnte er so etwas denken?

»An dem Köter ist nichts dran als Haut und Knochen«, sagte Henke. »Schlachten wir doch den Stachnovski. Wer dafür ist, Hand hoch . . .«

Eine Sekunde lang wußte niemand, ob er es ernst meinte. Stachnovski wich zurück. Seine Augen wurden weit, und er hob die Hände in Abwehr.

Kuert trat auf ihn zu und packte ihn bei den Schultern.

»He Perunie!« sagte er beschwörend. »Perunie! Was ist los? Gibst du auf? Wenn wir nicht zusammenhalten, gehen wir alle drauf.«

Stachnovski lachte plötzlich, ein verzweifeltes, halb irres Lachen. »Der Bahrend soll aufhören . . . Ich kann es nicht mehr hören, wenn er vom Essen redet . . .«

Bahrend redete danach nie mehr vom Essen. Der Zwischenfall schien bald vergessen. Aber sie waren nie mehr dieselben danach. Sie hatten sich verändert. Es war, als hätten sie alle, jeder für sich allein, eine unsichtbare Grenze überschritten, hinter der andere Gesetze galten . . .

Schneidewind saß am Ruder, die weiße Kapitänsmütze auf dem Kopf. Er hatte den Vorfall um den Hund nicht beachtet, nichts dazu gesagt, als sei das nicht seine Sache. Er beobachtete stumm die Wolken, das Segel und die See.

Es war ein Wunder, woher er die Kraft nahm. Er schien als einziger intakt zu sein, klar. Den ganzen Tag saß er am Steuer, ließ sich kaum noch ablösen. Er schien fast kein Mensch mehr, nur Nerven, die auf jede Veränderung des Windes und der Strömung reagierten.

Der Wind wurde von Stunde zu Stunde stürmischer. Brecher schlugen ins Boot, das dauernd halbvoll war. Zwei Mann schöpften ständig; sie mußten sich alle halbe Stunde ablösen, länger hielten sie nicht durch. Die anderen froren und zitterten in der Kälte. Keiner fragte nach dem Kurs, den ihr Kapitän steuerte. Das einzige, was sie dumpf empfanden, war, daß sie weitermachen mußten.

Schneidewind ließ nicht einmal die Segel reffen. Er segelte die Jolle durch den Sturm, daß selbst Boywitt, der ein guter Segler war, vorschlug, die Segel einzuholen.

Schneidewind schüttelte nur den Kopf. So vergingen die Nacht, der folgende Tag und die Nacht darauf – mit Segeln und Schöpfen, Schöpfen und Segeln.

21

Am Morgen des siebten Tages ließ der Wind etwas nach. Schwere tiefe Wolken hingen über dem Wasser. Manchmal sahen sie in der Ferne Regen in Strähnen niedergehen.

Stachnovski hatte die Männer geweckt. Sie hatten die Persenning über den Steven ausgebreitet in Erwartung des Regens. Für Stunden jagten sie den Wolken nach, starrten auf die regenverheißenden Wolken. Am Mittag waren sie weiter entfernt von ihnen denn je. Die Männer hatten ihren Stolz längst vergessen. Sie wimmerten nach Wasser ... Wasser.

Ihre Gesichter waren grau. Die Augen lagen tief in den Höhlen. Ihre Lippen waren wulstig, aufgesprungen. Sehe ich auch so aus? dachte Kuert.

Erst gegen Abend kam die Erlösung. Sie gerieten in einen dichten Schauer. Während der Regen herunterkam, die Persenning füllte, hingen die Männer vorne im Boot ihre Köpfe in das Wasser und soffen wie Pferde.

Der lange Henke stand im Boot, das Gesicht erhoben, die Arme über den Kopf gereckt. Er schrie, als könne er den Himmel beschwören:

»Los! Laß es regnen! Laß es regnen! Los, noch mehr ...«

Kuert hatte das Segel heruntergelassen. Er brauchte nichts zu sagen. Boywitt half ihm, das Segel von der salzigen Kruste zu säubern, die sich darauf gebildet hatte. Sie fingen das Wasser auf, und dann trank er. Er soff das Wasser in sich hinein, in großen Zügen. Wenn er Luft holte, wurde er gewahr, wie die andern neben ihm vor Wonne stöhnten.

Er trank, bis sein Bauch hervorquoll. Als er Schneidewind am Ruder ablöste, um den Kapitän trinken zu lassen, hatte er plötzlich Angst: Was, wenn der Regen aufhörte, ehe er noch einmal dazukam zu trinken? Er zitterte am ganzen Körper vor Gier. Warum machte Schneidewind nicht schneller? Mein Gott – wenn der Regen wirklich aufhörte ...

Er stürzte zum Segel, als Schneidewind ans Ruder zurückkehrte. Das erstemal hatte er beim Trinken nichts gespürt. Jetzt, beim zweitenmal, *schmeckte* er das Wasser; eigenartig lasch mit einem Beigeschmack von Öl der Persenning. Aber er trank.

Wer weiß, wann du wieder etwas bekommst.

Schließlich füllte er den Blechbehälter, die leere Granatenhülse, mit Wasser. Er stellte ihn unter die Ruderbank. In dem Rest des Wassers, das noch im Segel war, wusch er sich das Gesicht, die eiternden Wunden an seinen Handgelenken, die nicht mehr verheilt waren.

Dann setzten sie wieder das Segel, und Schneidewind führte das Boot auf seinen Kurs zurück.

Der Regen hatte sie alle bis auf die Haut durchnäßt. Im ersten Augenblick war es für Kuert ein herrliches, erfrischendes Gefühl gewesen. Jetzt spürte er nur die Kälte.

Und nach einer Stunde hatte er wieder Durst . . .

Die Jolle stampfte in der rollenden See. Gleich am Morgen – es war der achte Tag, und der Sturm hatte wieder zugenommen – verteilte Kuert das Wasser. Jeder von ihnen bekam den Deckel des Blechbehälters voll – auch der Hund. Als sie alle getrunken hatten, war der Behälter halbleer.

Kuert beobachtete die anderen, während sie tranken, und wieder fragte er sich, ob er auch so aussah.

Stachnovski war ganz ruhig. Er hörte ihn nie mehr fluchen. Kuert hätte jetzt viel darum gegeben, ihn fluchen zu hören. Jan erzählte keine Geschichten mehr; er, der alte Schwarzseher und Märchenerzähler, saß dumpf an den Mast gelehnt. Er duckte sich nicht einmal, wenn der Gischt der hohen Wellen ihm ins Gesicht stob . . .

Keiner war mehr der, der er gewesen war.

In den vergangenen Nächten hatte Kuert etwas Sonderbares beobachtet. Zuerst war ihm der Geruch aufgefallen, ein leichter Geruch, wie nach Zitronen. Er hielt es für Einbildung, Eingebungen seiner Fantasie, aber dann hatte er die kleine Tube in den Händen des Kapitäns bemerkt. Es war eine der kleinen Tuben Glyzerincreme aus den Luftschutzbüchsen. Er hatte beobachtet, wie Schneidewind jede Nacht etwas aus der Tube in seine Hand drückte und sich dann das Gesicht damit einrieb. Nacht für Nacht hatte sich das gleiche wiederholt; Kuert war es, als beobachtete er Schneidewind bei etwas Unerlaubtem, und dennoch konnte er die Augen nicht abwenden.

Vielleicht hatten auch die anderen ihr kleines Geheimnis, das sie vor niemandem preisgaben. Er, Kuert, hatte zum Beispiel sein Messer und die Holzstücke, die er herausschnitt und kaute. Hätte er das Geheimnis nicht teilen müssen? Ein Holzstückchen für Boywitt? Er tat es nicht.

Sie sprachen jetzt überhaupt nicht mehr miteinander. Jeder war für sich allein, in einem sonderbaren Schweigen. Sie schienen vergessen zu haben, daß sie einmal zusammen auf einem Schiff gefahren waren, das *Doggerbank* hieß. Sie hatten den Krieg vergessen, das U-Boot, vielleicht ihre Vergangenheit. Stachnovski – wer war Stachnovski? Boywitt – er hatte mal etwas von ihm gewußt. Er war vergessen. Wer war er selber?

Er zählte die Kerben, fuhr mit dem Finger darüber. Fünf und drei. Acht Kerben. Dann mußte heute ... Sonntag sein. Sie waren jetzt eine Woche unterwegs.

Schneidewind hatte gesagt, daß es wärmer werden würde. Kuert hatte das Gefühl, daß es kälter geworden war. Schneidewind hatte von Schiffsrouten gesprochen, die sie kreuzen würden. Aber sie hatten kein einziges Schiff gesichtet.

Er fühlte sich plötzlich unsicher. Ob er durchhalten würde? So etwas zu denken war Wahnsinn, der Anfang vom Ende. Er schob die Gedanken beiseite; er spürte, daß sie ihm den Rest seiner Kraftreserve nahmen ...

Am Abend übernahm er das Ruder von Schneidewind. Das war bisher immer ohne Worte geschehen. Doch diesmal fragte er, und er war überrascht, daß die Worte ganz normal über seine Lippen kamen: »Was denken Sie, wie weit wir gekommen sind?«

Schneidewinds Antwort kam ohne Zögern: »Ich schätze an die achthundert Meilen. Eher noch mehr. Wir müssen bald am nördlichen Wendekreis sein.« Er sagte es, als sei es eine Landmarke.

»Haben wir schon die Hälfte?« Wieder fragte Kuert sich, aus welchen geheimen Quellen der Kapitän seine Ruhe und Zuversicht schöpfte. War es die kleine Tube Glyzerincreme? Der Zitronenduft?

»Noch nicht ganz.«

Einer der Wasserschöpfer am Mast drehte sich um. Kuert konnte sein Gesicht in der Dunkelheit nicht erkennen. Kuert senkte seine Stimme; er wollte nicht, daß jemand ihm zuhörte.

»Sie glauben noch immer, daß wir eine Chance haben, Käp'ten?«

»Der Große Bär wird bald verschwinden.« Auch Schneidewind flüsterte. »Dann haben wir einen oder zwei Tage nichts, nach dem wir segeln können.«

»Aber wir haben noch eine Chance?«

»Dann, nach zwei Tagen, wird das Kreuz des Südens zu sehen sein.« Seine Hand zeigte voraus über das Segel. »Dort, Backbord voraus, fünf bis sieben Grad. Merken Sie es sich, Kuert, falls irgend etwas passiert . . .«

Eine Weile sprachen sie nicht. Im Grunde hatte Schneidewind seine Frage nicht beantwortet, war ihr ausgewichen.

»Ich frage mich«, fuhr Schneidewind fort, »ich frage mich die ganzen Tage, ob es nicht meine Schuld war. Das U-Boot, Kuert . . . Ich war so sicher, daß es ein deutsches war.«

»Es kann nur eines von uns gewesen sein, oder?«

»Vielleicht war ich zu sicher . . .« Seine Lippen schlossen sich.

Plötzlich fiel es Kuert wie Schuppen von den Augen: Schneidewinds äußere Ruhe war nur Fassade; dahinter verbargen sich Selbstvorwürfe, Fragen, Zweifel . . .

Du darfst nicht zweifeln, dachte Kuert. Das U-Boot – das war jetzt nicht wichtig. Nur der Augenblick war wichtig. Diese Minute. Die nächste.

Kuert hörte den Mann am Mast atmen. Er war sicher, daß es Jan war, daß er lauschte. Er senkte seine Stimme noch mehr. »Glauben Sie, daß wir alle es schaffen?« Es war ein Gedanke, der ihn seit langem beschäftigte.

»Einige vielleicht – vielleicht schaffen es einige von uns . . . Haben Sie es sich gemerkt, wie Sie segeln müssen? Das Kreuz des Südens – Backbord voraus, fünf bis sieben Grad . . .«

Er würde es sich merken. Er würde einer von denen sein, die überlebten. Und dennoch war er müder denn je.

Die Stunden vergingen. Er saß da, auf das Ruder gestützt. Er roch die Ausdünstung seiner Kleider, den salzigen, faulen Geruch aus seinem Mund. Oder ist es die Angst? dachte er. Sein Nacken war steif. Der Arm auf dem Ruder fühlte sich an wie ein totes Stück Holz. Sein Mund war ausgetrocknet. Er dachte an den Rest Wasser in dem Behälter unter der Ruderbank . . .

Ein Schluck, dachte er, nur ein Schluck. Niemand würde es bemerken, wenn er heimlich einen Schluck trank.

Oder schlafen. Eine Sekunde nur. Nur die Augen schließen . . . Es wurde immer schwerer, den Kopf hochzuhalten. Er schreckte auf. Er war eine Sekunde eingenickt. Seine Hand am Ruder hatte mit einer falschen Bewegung das Boot beinahe zum Kentern gebracht.

Wie willst du so überleben?

Er schöpfte mit der Hand Wasser. Er schüttete sich das kalte Seewasser in den Nacken. Er wiederholte es, sobald er müde wurde . . .

22

Das Regenwasser in dem Behälter war über Nacht bräunlich vom Rost geworden. Kuert verteilte es gleich am Morgen, schüttete jedem seine Ration in den flachen Deckel.

Als er Jan Bahrend seine Ration hinhielt, schüttelte der Koch den Kopf.

»Gib es jemand anderem«, sagte er. »Gib es Stachnovski oder dem Kapitän – anybody . . .«

Trotz seiner eigenen Erschöpfung spürte Kuert, daß etwas nicht stimmte; etwas in Jans Stimme, in seinem Blick, in seiner Haltung warnte ihn. Er sah, wie schmal die Schultern des Kochs geworden waren, die Schultern eines Kindes. Die Schwimmweste, die einmal stramm an seinem Leib gesessen hatte, schlotterte an ihm.

»Mach keine Geschichten«, sagte Kuert. »Jeder kriegt seinen Teil, und jeder tut seine Arbeit. Hier trink! Wer weiß, wann wir wieder Wasser bekommen.«

Jan starrte auf das Wasser, so wie er es früher getan hatte, wenn er an Bord der *Doggerbank* den ›Lords‹ mit seinen eingebildeten U-Booten einen Schrecken eingejagt hatte. »Goddamnit, I don't want any water, Fritz. Ich will kein Wasser, und ich will auch nicht mehr schöpfen.« Sein von grauen Bartstoppeln überschattetes, ausgemergeltes Gesicht belebte sich. Er lächelte melancholisch. »Warum trinkst du es nicht? Du kannst meine Ration haben.« Er musterte Kuert. »Du bist noch fett wie eine Wanze! Trink du es! Du kannst es schaffen; ja, wenn einer es schafft, dann du.«

Seine Stimme sank zu einem Flüstern herab, so, als vertraue er Kuert ein Geheimnis an. »Alle schaffen wir es sowieso nicht. Wir sind zu viele. Hast du den Fudschijama gesehen, als wir ausliefen? Habe ich es euch erzählt, was die Japaner sagen . . . Ich hab' euch gesagt, früher oder später erwischt es uns, hab' ich's nicht immer gesagt, Fritz? Hab' ich euch erzählt vom Fudschijama?«

Kuert hielt den Deckel mit dem Wasser in der Hand. Er wußte nicht, was er tun sollte, nur, daß er etwas tun mußte gegen das Gestammel des alten Mannes, der Schultern hatte wie ein Kind.

Er dachte an den Abend unter Deck, an Jans zitternde Hände, als der Koch ihn um einen Schluck Rum aus seiner Feldflasche gebeten hatte und er nein gesagt hatte. So war es doch gewesen ? Er hatte ihm einen Schluck Rum verweigert . . . warum? Er konnte die Erinnerung nicht festhalten. Sein Hirn war leer. Aber ein Gefühl der Schuld blieb zurück. Er suchte nach etwas, das er sagen könnte.

»Was ist los mit dir?« sagte er hilflos. »Hast du vergessen, was du uns versprochen hast? Du wolltest uns ein Essen spendieren, in Bordeaux, dreizehn Gänge . . .«

»Dreizehn Gänge?« Bahrend lachte seltsam. Plötzlich wurde sein Gesicht ernst. »I was a good cook. It was all the pride I had. It was my life, and you damn well know what happens, when you take a man's pride away. Du! Du warst doch auch einer von denen, die immer gemeckert haben über mein Essen! Ehrlich, Fritz, war ich so ein schlechter Koch?« Er blickte Kuert voller Ängstlichkeit an, als sei die Antwort auf seine Frage von ungeheurer Wichtigkeit für ihn . . .

»Wer sagt das? Du warst gut. Du warst first class.« Kuert hatte ein Würgen im Hals, als er es sagte. »Gaides, unser Johnny, er hat immer gesagt, du seist der beste Koch weit und breit in New York. Und New York zählt, oder?«

»It was a fucking good place. Can you tell me why I left it?«

»Ich wollte, ich hätte mal dort bei dir gegessen.«

»Well . . . it's too late for that.«

Kuert versuchte, Bahrend den Deckel mit der Wasserration in die Hand zu drücken, aber dieser nahm ihn nicht. »You drink it! It's yours. Du hast eine Chance . . . trink es . . .«

Er verteilte die restlichen Wasserrationen, gab jedem ein bißchen mehr. Nachher war er erschöpft; alles kostete Anstrengung. Er dämmerte vor sich hin an seinem Platz in der Ducht, und die ganze Zeit war ihm die reglose Gestalt des Kochs am Mast gegenwärtig . . .

Plötzlich neigte sich das Boot zur Seite. Im Aufschrecken sah Kuert die hohe Gestalt an der Backbordseite des Bootes, erhoben zu ihrer ganzen Größe. Es war bereits zu spät, noch etwas zu tun, etwas zu verhindern.

Bahrend ließ sich einfach über Bord fallen; er fiel langsam und steif, so, wie ein geschlagener Baum fällt.

Das Wasser schoß ins Boot. Ganz mechanisch begannen zwei Mann, es auszuschöpfen, während die Gestalt vom Boot wegtrieb.

Schneidewind war weiß geworden. Sein Mund zuckte. Er blickte auf den gekrümmten Rücken, der in der hohen Dünung verschwand und wieder auftauchte, dann auf das Segel. Er sah Kuert an, den Mann im Wasser, das Segel. Er schüttelte den Kopf. »Wir können nicht wenden, nicht bei dieser See . . .«

Boywitt betete.

Kuert dachte: Laß ihn sterben, sei gnädig, laß ihn schnell sterben!

Es starb sich schwer in einer Schwimmweste, die einen über Wasser hielt. Ein Mann konnte lange so treiben, einen Tag, zwei Tage – so lange, bis er den Mut aufbrachte, den Kopf ins Wasser sinken zu lassen oder solange seine Kraft ausreichte, sich dagegen zu wehren . . . Wenn Bahrend einen leichten, schnellen Tod gesucht hatte, dann hatte er genau das Falsche getan.

Boywitt betete noch immer. Der Kapitän saß dort wie zu Stein geworden.

»Amen«, murmelte Boywitt und bekreuzigte sich.

Schneidewind sagte: »Wir müssen aufpassen, Kuert. Das darf nicht noch einmal passieren. Das Boot kann kentern dabei, und dann sind wir alle verloren . . .«

Kuert war dankbar für die Worte. Der Alte, dachte er, der ist wenigstens klar im Kopf. Er wollte nicht an Bahrend denken.

Nicht hinsehen. Nicht dran denken. Laß ihn doch absaufen. Laß sie doch alle absaufen. Wir sind sowieso zu viele in dieser Nußschale. Der Alte hat es selbst gesagt – nur einige von uns haben eine

Chance. Oder war das Bahrend? Egal. Wenn das Boot leichter wird, um so besser . . .

Nach einer Stunde war das Boot leergeschöpft. Kuert hatte den Eindruck, daß es etwas höher aus dem Wasser ragte. Das war gut. Gut für den Rest.

Jan Bahrend? Der Koch war einfach ein Mann, der nicht mehr bei ihnen war. Das einzige, was ihn ängstigte, war der Gedanke, wann er an der Reihe sein würde . . .

23

Am nächsten Morgen hatten sie einen richtigen Sturm mit fünf bis sechs Meter hohen Wellen. Kuert hatte seine Kerbe eingeschnitten. Die zehnte.

Die zehn Kerben hinter seinem Rücken im Rand der Jolle waren wie die zehn Finger seiner Hände.

Wenn er nicht das Segel führte, schlief er. Aber Schlafen und Wachsein bedeuteten nichts mehr. Selbst der Schlaf hatte nicht mehr die Kraft, ihn vergessen zu lassen. Auch im Schlaf wußte er, wie die Jolle im Sturm rollte. Und immer war da das Gesicht Schneidewinds. Der Kapitän bemühte sich verzweifelt, das Boot im Sturm zu halten.

Gegen Mittag kenterte das Boot.

Vielleicht war Schneidewind eine Sekunde auf der Ruderbank eingenickt. Das Boot schlug um. Das Segel sackte mit einem flatternden Geräusch zusammen.

Sie kippten aus dem Boot ins Wasser wie Puppen. Kuert versuchte, die Halteseile zu fassen zu bekommen, aber die Jolle lag quer zur Strömung; in der schweren See drehte das Boot sich um sich selbst wie ein Stück Holz.

Er hörte die Schreie der anderen. Sie schwammen um ihn herum im Wasser, versuchten, in der Nähe der Jolle zu bleiben. Sie schrien und ruderten wild mit den Armen und vergeudeten ihre Kraft dabei.

Er beobachtete, wie Schaper, Henke und Bergmann versuchten, von der Mitte aus ins Boot zu klettern. Er war schon drauf und dran, zu ihnen zu schwimmen, sich ihnen anzuschließen, aber sein Überlebensinstinkt war stärker. Er ließ sich abtreiben, als ahnte er, was geschehen würde. Er sah, wie das Boot wieder kenterte und die drei Männer unter sich begrub. Er wartete, beobachtete die Stelle. Er sah sie nicht mehr auftauchen . . .

Er blickte sich um. Er entdeckte einen weißen Punkt in den dunklen Wellen, die Mütze des Kapitäns. Es gab ihm einen Schock. Nur das nicht! Er schwamm darauf zu, aber Schneidewind, die Mütze auf dem Kopf, nickte ihm zu.

»Verteilt euch vorne und hinten am Boot«, keuchte er. »Wir müssen es ruhig kriegen.«

Kuert schrie den Befehl weiter. Er schwamm ans Boot heran. Richard Binder und Klockmann, der Messesteward, folgten ihm. »Jetzt!« Sie ergriffen die Halteseile . . .

»Wer ist noch vorne?« schrie Kuert. Er sah am Steven drei Mann, konnte sie aber in dem Gischt nicht erkennen.

»Stachnovski, Boywitt und Waldemar, der Moses.« Es war Binder, der es sagte.

»Meldet euch!«

Es kam keine Antwort. Aber drei Mann waren es. Nur drei. Drei und sie selber. *Sieben Mann.*

Sieben fehlten. Sieben und der Hund. Kuert erinnerte sich, gesehen zu haben, wie er mit müden paddelnden Bewegungen vom Boot weggeschwommen war.

Jetzt, da sie das Boot hinten und vorne gleichmäßig belastet hatten, lag es ruhiger in der See. Sieben Mann. Schneidewind, Binder, Klockmann, Stachnovski, Boywitt, Waldemar Ring und er. Waren sie die sieben, die überleben würden?

»Das Ruder!«

Der Aufschrei riß Kuert aus seinen Gedanken. Es war Schneidewind, der entdeckt hatte, daß das Ruder fehlte.

Es mußte sich beim Kentern ausgehakt haben. Mein Gott! Was war das Boot noch wert ohne Ruder? Und dann sah es Kuert: Auch der Mast fehlte, das Segel, die Persenning; sicher war auch der Behälter für das Wasser weg . . .

Er wußte nicht, wieviel Zeit vergangen war, ob nur Minuten, ob eine Stunde, als er Schneidewinds Stimme vernahm: »Es hat keinen Sinn mehr. Wir kriegen das Boot nie wieder klar . . .«

Kuert starrte auf das leere, nackte, gestrichen volle Boot. Der Alte hatte recht. Ohne Ruder, ohne Mast, ohne Segel – was für eine Chance hatten sie da noch? Er dachte es ganz klar. Vielleicht war es die Kälte des Wassers, die ihn so klar denken ließ. Was ihn verwunderte, war, warum er nicht zusammenklappte.

Aber da waren andere Gedanken: In der ersten Nacht nach der Versenkung – da hast du auch nichts anderes gehabt! Nur ein leeres, nacktes Boot! Er wußte, daß es nicht stimmte, daß die Situation ganz anders war. Hier gab es nichts aufzufischen. Und er hatte nicht mehr die Kräfte von jenem Tag. Aber er wußte, daß er einfach weitermachen mußte.

Seine Entscheidung, dies alles durchzustehen, war irgendwann gefallen. Er erinnerte sich nicht einmal mehr, wann das gewesen war. Und es hatte nicht nur mit der *Doggerbank* zu tun oder den anderen Schiffen. Nicht einmal mit dem Krieg, mit dem Gedanken: den Krieg, den überlebst du! Es lag weiter zurück. Vielleicht hatte es mit seinem Vater zu tun. Er war Bergmann, arbeitete unter Tage, in dauernder Gefahr. Er hatte unter Tage seine Gesundheit ruiniert. Für wenig genug. Aber aufgeben – das stand nicht in seinem Buch. Und so wußte Kuert nur, daß er die Hoffnung nicht aufgeben konnte. So wenig, wie er sich selbst hätte töten können . . .

Die sieben Männer hingen an den Halteseilen, trieben mit dem Boot, hielten es gleichmäßig im Wasser.

Mehr konnten sie nicht tun.

Die Stunden vergingen. Es begann bereits zu dunkeln. »Die Nacht überstehen wir nicht«, sagte Schneidewind, »niemals.«

Kuert schwamm neben ihm. »Ewig kann der Sturm nicht

dauern. Wenn er erst mal vorbei ist, kriegen wir das Boot schon wieder flott.«

»Wir sind am nördlichen Wendekreis«, sagte Schneidewind. »Wenn hier ein Sturm hängt, der zieht nicht so schnell weg. Nein, wir haben keine Chance mehr . . .«

Kuert sah Binders entsetztes Gesicht neben sich. Kuert erinnerte sich dumpf, was Binder damals erzählt hatte: das Schlauchboot . . . Fischer . . . die Pistole! Der Wahnsinn, der um sich gegriffen hatte . . . acht Mann, die sich erschossen hatten, acht Schüsse jedenfalls.

Kuert sah Schneidewind an. Er sah ihn nicht wirklich, er wußte nur, daß er ihn brauchte. Er war sein Kompaß, seine Navigation. Jeden anderen durfte er verlieren, nur den Kapitän nicht.

»Los, Klockmann«, sagte er. »Pack mit an. Wir heben den Käp'ten auf die Ducht.«

Sie griffen unter seine Schultern, hoben Schneidewind aus dem Wasser auf die Ducht. Er ließ es mit sich geschehen. Er saß nach hinten heraus. Seine Beine hingen im Wasser. Er sah zu ihnen herunter.

»Hört zu«, sagte er, »ihr müßt euch selber entscheiden. Ich jedenfalls . . . mache Schluß.«

Kuert hatte sein Gesicht direkt vor sich; es waren Schneidewinds Augen, etwas in diesen Augen, das ihm klarmachte, daß der Kapitän es ernst meinte . . .

Plötzlich sah er die Hände, weiße, schmale Hände. Sie griffen sich an den Hals, suchten etwas. Die Hände erinnerten Kuert an eine Bewegung, damals, als Binder von den Selbstmorden auf dem Schlauchboot erzählt hatte. Damals hatte er ihr keine Bedeutung beigemessen, hatte sie nicht verstanden. Jetzt verstand er sie.

Schneidewind zog einen Gummibeutel unter dem Pullover hervor. Der wasserdichte Beutel hing an einer Schnur auf seiner Brust. Und das, was sich darin deutlich abzeichnete, war eine Pistole . . .

Der Kapitän saß da, mit der einen Hand umklammerte er die Ducht, in der anderen die Pistole. Sein Gesicht, ausgezehrt, von grauen Bartstoppeln beschattet, mit roten, entzündeten Augen, war fast ohne Ausdruck. »Ich mache Schluß – solange ich es noch selber tun kann.«

Kuert starrte auf den Beutel, die Umrisse der Waffe. Es durfte nicht geschehen!

Er mußte um ihn kämpfen.

Er brauchte ihn.

»Warum warten wir nicht wenigstens bis zum Morgen! Vielleicht bessert sich das Wetter . . .« Er mußte schreien in dem Wind und Sturm. »Selbst wenn es so bleibt – wir bekommen das Boot schon wieder flott! Warten wir wenigstens bis zum Morgen!«

Schneidewind schüttelte den Kopf. »Wir haben nicht die geringste Chance, Kuert.« Die Stimme des Kapitäns war unähnlich jeder menschlichen Stimme. Er sah durch ihn hindurch. »Keiner von uns wird je Land erreichen.« Er fingerte am Beutel herum. »Dies ist der beste Ausweg.«

Nein, dachte Kuert, nein, nein, nein! Er war unfähig, etwas anderes zu denken. Was ihm wirklich angst machte, war der Zustand des Kapitäns der *Doggerbank*. Schneidewind war immer ruhig, stark, furchtlos und zuversichtlich gewesen – unzerstörbar in seiner Ausdauer. Er war ein Mann, der in seinen, Kuerts, Augen nie zusammenbrechen konnte . . . der nie aufgeben würde.

Hatte er recht?

Nein, nein, nein!

Kuert wußte nicht, woher er selbst die Kraft nahm, zu glauben, daß er durchkommen würde – auch jetzt noch. Er hatte immer gewußt, daß eines Tages die Reihe an ihm war; aber er hatte das Wissen in sich verschlossen. Er hatte es sich zu seiner Maxime gemacht, nicht zu denken oder nicht weiter als bis zum nächsten Augenblick.

Schneidewind hatte die Pistole aus dem Beutel genommen. Kuert starrte auf das blanke, schwarze Metall in der Hand des Kapitäns. Die Pistole, das war die Gefahr. Einen

Augenblick überlegte Kuert: Sollte er ihm die Waffe aus den Händen schlagen? Ihn von der Ducht stoßen?

Er spürte Schneidewinds Hand auf seiner Schulter.

»Das würde nichts ändern, Kuert. Glauben Sie mir ... das, was noch kommt, ist schlimmer als dies. Es ist leichter, so zu sterben, als ...«

Kuert redete auf ihn ein. Er wußte hinterher nicht mehr, welche Worte er gebraucht, was er gesagt hatte. Er flehte, bettelte. Aber gleichzeitig wußte er, daß es vergeblich war. Er wußte, der Kapitän hatte sich entschieden. Und da er wußte, daß er ihn nicht zurückhalten konnte, war der Kapitän nicht mehr wichtig für ihn.

Das Boot schaukelte plötzlich. Kuert sah Stachnovski am Boot entlang nach hinten schwimmen.

»Bleib vorne!« schrie Kuert. »Sollen wir kentern?«

Aber Stachnovski schien ihn nicht zu verstehen. »Was ist los?« fragte er. »Was redet ihr hier ...«

Kuert sah Stachnovskis Gesicht neben sich. Über den hervorstehenden Backenknochen spannte sich die Haut wie Pergament – das Gesicht eines Fremden, eines menschlichen Wracks. Auch seine Stimme klang fremd. Er hatte die Pistole in den Händen des Kapitäns entdeckt. Er blickte starr darauf.

»Komm weg!« sagte Kuert. Er konnte die Waffe nicht länger ansehen. Wer weiß, vielleicht würde auch er schwach werden.

»Will er sich erschießen?«

»Wir haben keine Chance mehr.«

»Moment mal!« Stachnovski schrie es. Er machte den Versuch, nach der Pistole zu greifen, verlor sein Gleichgewicht, tauchte unter, kam wieder hoch, klammerte sich an das Boot.

»Das kannst du nicht machen, Käp'ten. Wenn, dann kommen wir zuerst dran ... Wir haben genauso ein Anrecht auf die Pistole wie du. Wenn du Schluß machst, dann nicht ohne uns ...«

Laß sie! dachte Kuert. *Denk' nicht an sie! Wenn sie sich umbringen wollen – laß sie es doch tun! Ich bin auf keine Hand scharf. Aber du mußt weg ... weg von ihnen ... die stecken dich sonst noch an* . . . Alle seine Gedanken waren darauf gerichtet, zu überleben.

»Wir haben dich damals mitgenommen«, Stachnovski redete wie hypnotisiert auf Kapitän Schneidewind ein. »Das war unser Boot. Wir hätten euch krepieren lassen können . . . es war unser Boot, ganz allein, keinen hätten wir aufnehmen müssen. Deine Pistole gehört uns genauso. Wenn du Schluß machen willst, dann sind wir auch dabei . . .« Auf Stachnovskis Gesicht stand kein Erschrecken, nur die stumme Bitte, allem Leiden ein Ende zu machen. »Bitte . . .«, es kam wie ein kaum verständlicher Laut von seinen aufgesprungenen Lippen, » . . . schieß schon.«

Auch Waldemar Ring war nach hinten geschwommen. Er klammerte sich an die Halteseile. Er schluchzte, fast lautlos, ein ständiges Wimmern, das seinen Körper schüttelte. »Laßt mich nicht allein zurück . . .«

Niemand hatte auf Binder geachtet, einen der vier, die sie damals nach dem Untergang des Schlauchbootes aufgefischt hatten.

»Wenn, dann sterbe ich lieber so«, sagte er plötzlich. »Lieber ertrinke ich . . .«

»Glaubst du, daß es so leicht ist«, murmelte Stachnovski, »glaubst du wirklich? Ich habe es versucht . . .«

Binder gab keine Antwort. Er ließ die Halteseile los. Er schwamm vom Boot weg. Es war unfaßbar, woher er plötzlich die Kraft hatte, aber er schwamm mit kräftigen Armzügen in die See hinaus, war plötzlich verschwunden . . .

»Er ist weg«, murmelte Stachnovski fassungslos.

Für einen Augenblick hingen die anderen an den Halteseilen, zu schreckerfüllt, um sich zu bewegen.

Schneidewind saß dort, die Augen starr ins Leere gerichtet . . . Warum gebe ich nicht auf, dachte Kuert. Aber die ganze Zeit wußte er, daß er nicht aufgeben konnte.

Stachnovski redete wieder auf den Kapitän ein. Waldemar heulte wie ein Hund. Auch Klockmann flehte den Kapitän an, ihn zu erschießen.

»Wartet!« schrie Kuert. »Perunie! Laß uns warten. Bis zum Morgen. Perunie!«

Stachnovski stieß ihn beiseite, wie von Sinnen. Er hielt sich mit einer Hand am Rand des Bootes fest. Er hatte die Augen geschlossen. Und wartete. »Bitte, Käp'ten!«

Kuert sah, wie Schneidewind die Pistole auf Stachnovski richtete. Er sah den dunklen Lauf ... kaum mehr als eine Handbreit von der Schläfe.

Er wandte sich ab, von Grauen geschüttelt. Er schwamm weg vom Boot. Er hatte Angst. Er hatte Angst, daß er wankend werden könnte ... Und plötzlich wurde ihm klar, daß er bald allein sein würde.

Allein.

Allein mit dem Boot, allein ...

Er sah Boywitt am Steven. Er ist der Letzte, dachte Kuert. Ohne ihn bist du ganz allein!

Noch während er auf ihn zuschwamm, fiel der erste Schuß. Boywitt war dabei, nach vorn zu schwimmen. Kuert stieß ihn zurück. Er stieß ihn vor sich her, zurück zum Steven des Bootes.

»Mach keinen Unsinn, Karl ... Wir kommen durch, Papa ... Wir kriegen das Boot wieder hin ... Wir zwei. Ich versprech' es dir, wir kommen durch ... Papa! Laß mich nicht im Stich ...«

Was kann ich nur tun?

Boywitt zitterte am ganzen Körper. Seine Lippen bewegten sich im Gebet. » ... Dein Wille geschehe, wie im Himmel, so auf Erden ...«

»Boywitt, hör' doch! Karl, Papa! Bitte, hör' mir zu ...« Sie hörten den zweiten Schuß; kurz darauf einen dritten. »Bitte, Karl! Ich verspreche es dir, wir kommen durch ...« Seine Worte waren nur noch ein Gestammel, Beschwörungsformeln. Die Schüsse bedeuteten nichts. Die anderen waren nicht mehr vorhanden. Sie waren tot – aber selbst der Tod war keine Tatsache. Nur Boywitt war wirklich, die einzige Wirklichkeit. An ihm hing jetzt sein Leben.

Allein schaff' ich es nie!

»Laß mich«, sagte Boywitt. »Wir kommen doch nicht durch . . . und du weißt es. Wenn der Käp'ten aufgibt . . .«

Das Segel! dachte Kuert. Was war nur mit dem Segel? Es war irgend etwas Wichtiges. *Herrgott,* betete er, *es muß mir einfallen . . .*

»Das Segel ist noch da!« sagte Kuert, selber überrascht von seinen Worten.

»Das Segel? Wieso?«

»Weil wir es festgebunden haben, Papa! Natürlich! Wir haben den Mast und das Segel am Boot befestigt! Erinnerst du dich nicht!«

Boywitt schüttelte den Kopf. »Der Käp'ten«, sagte er schwach, »er würde nie Schluß machen, wenn wir noch eine Chance hätten . . . unser Käp'ten nicht.«

»Wir schaffen es, Karl! Du und ich, wir zwei zusammen schaffen es . . . Ich bring' dich durch, bleib' nur bei mir . . .« *Du mußt ihn überzeugen! Es muß dir gelingen. Du brauchst ihn.* »Wir haben zehn Tage durchgehalten, willst du jetzt aufgeben? Für nichts und wieder nichts. Keiner wird es je erfahren, wie wir krepiert sind . . . Keiner wird es deiner Frau sagen können . . . Und dein Sohn, Papa? Hast du mir nicht von ihm erzählt? Sag' mir! Wer soll ihm das Segeln und Fischen beibringen . . .«

»Hör' auf, bitte, hör' auf, Fritz!«

»Was sollte das Beten? Die ganze Zeit höre ich dich beten, Papa. Und nun willst du dich selbst umbringen?«

»Hör auf, bitte!« Boywitt schrie es hinaus. »Ich bleibe. Ich versprech's dir, ich bleibe . . . Wenn du meinst, daß wir es schaffen . . . Das Segel könnte noch da sein, und der Mast.« Hinter sich hörten sie den Kapitän lachen. Einen Augenblick erfaßte sie ein unaussprechbares Grauen.

»Bleib' hier am Steven«, sagte Kuert schließlich. »Du hast es mir versprochen. Halte das Boot. Ich sprech' mit dem Alten, ich versuche es noch einmal. Und du bleibst hier!«

Der Kapitän saß allein auf der Ducht. Die Pistole lag noch in seiner Hand.

Die anderen waren nicht mehr da. Aber das Wissen um ihren Tod rührte Kuert nicht, drang nicht zu ihm durch. Er empfand nicht einmal mehr Grauen.

»Boywitt bleibt«, sagte Kuert. »Wir wollen versuchen, durchzukommen . . .«

Es war, als höre Schneidewind es nicht. Ein verzerrtes Lächeln stand auf seinem Gesicht.

»Warum machen Sie nicht mit, Käp'ten?«

»Zu spät. Ich kann nicht mehr«, sagte der Kapitän mit leiser, monotoner Stimme. »Es sind zu viele gestorben . . . zu viele. Ein ganzes Schiff . . .«

»Wir haben das Segel und den Mast.« Es war für Kuert inzwischen schon eine feststehende Tatsache geworden.

Schneidewind sah auf ihn herab, schüttelte den Kopf. Aber seine Stimme war plötzlich gefaßt und ruhig, als er sagte: »Das Kreuz des Südens, Kuert. Vergiß nicht, was ich gesagt habe, du mußt das Kreuz des Südens immer sechs bis sieben Grad Backbord voraus haben . . .«

Er steckte die Pistole in den Gummibeutel auf seiner Brust zurück. Er zog das Tau, mit dem sie damals das Floß in Schlepp genommen hatten, heran. Er schlang es sich um die Brust und verknotete es.

Kuert beobachtete es, ohne zu verstehen, ohne mehr zu denken als: *Boywitt bleibt bei dir.*

»Mehr kann ich nicht tun für euch«, sagte Schneidewind, »vielleicht nütze ich euch als Treibanker. Vielleicht liegt das Boot etwas ruhiger so . . .«

Er holte die Pistole wieder aus dem Beutel. Er hob die Waffe an die Schläfe. Nichts von Panik war an ihm. Kuert erschien er wieder ganz der alte, wie sie ihn kannten, ruhig, überlegt, furchtlos.

Dann sagte er vollkommen ruhig: »Wenn du die Pistole haben willst, mußt du aufpassen . . .«

Es waren seine letzten Worte.

Der Schuß fiel. Sein Körper bäumte sich auf und fiel hinterrücks ins Boot, das gestrichen voll Wasser war. Kuert sah die Pistole durch die Luft wirbeln. Er hatte eine tödliche

Angst, er könnte danach greifen; als wüßte er, daß er sich auch töten würde, wenn er das kalte, blanke Metall berührte.

Er schwamm zum Steven.

Boywitt betete.

»Wir gehen ins Boot«, entschied Kuert schließlich. »Du von vorn, ich hinten. Wir werden versuchen, es leer zu bekommen, alles klar?«

Boywitt nickte stumm.

»Ich geb' dir das Zeichen . . . Sei vorsichtig. Wenn wir noch einmal kentern, ist es aus.«

Er schwamm zurück. Er bemerkte das straff gespannte Tau, das Schneidewind sich um den Leib geknotet hatte und das von der Ducht ins Wasser tauchte. Er fühlte nichts dabei.

Er gab Boywitt ein Zeichen und kletterte ins Boot. Er wartete, bis er Boywitt ebenfalls im Steven stehen sah.

»Jetzt langsam, Papa, Schritt für Schritt!« Sie gingen aufeinander zu, in dem vollen Boot mühsam die Balance haltend, bis sie sich in der Mitte trafen.

Sie fanden das Bojenreep. Sie zogen den Mast und das Segel ans Boot heran, hoben den Mast in die Jolle.

»Was habe ich dir gesagt, Papa.« Aber er war zu fertig, um Triumph zu spüren. Er stellte fest, daß sein Taschenmesser noch da war; eingerollt in seine Unterhose. Er schnitt ein vierkantiges Stück aus dem Segel. Er begann zu schöpfen. Sie lösten sich ab. Sie schöpften ohne Pause, Stunde um Stunde, ohne jeden Erfolg. Was sie auch an Wasser herausschöpften – die hohen Brecher schlugen das Boot immer wieder voll. Es war das erstemal, daß Kuert nahe daran war, aufzugeben. In der Dunkelheit, allein mit Boywitt, spürte er, daß der Kapitän recht gehabt haben könnte. Er wehrte sich dagegen.

Boywitt ist bei dir geblieben! Du hast es ihm versprochen. Du mußt ihn durchbringen.

Schließlich sanken sie sich in die Arme. So fielen sie über die Bootsbank. Noch im Schlaf hielten sie sich umklammert; es war das einzige, was sie tun konnten, um nicht aus dem Boot gespült zu werden.

24

Am Morgen erhoben sie sich wortlos.

Die See war nicht ruhiger geworden. Der Himmel war dunkel, und Kuert erinnerte sich, daß er in der Nacht keine Sterne gesehen hatte.

Er dachte nicht an die Toten. Er dachte nur an die Aufgabe, die vor ihm lag. Er begann den Tag wie er alle anderen begonnen hatte, indem er die elfte Kerbe in den Rand der Jolle schnitt. Er gab Papa Boywitt das Stückchen Holz zum Kauen. Sie schöpften den ganzen Tag. Das Boot kam nicht höher. Am Abend mußten sie froh sein, daß die Jolle nicht gekentert war.

In der Nacht ließ der Sturm nach. Sie wachten auf und begannen erneut zu schöpfen. Diesmal merkten sie, daß das Wasser weniger wurde. Es spornte sie an, obwohl sie so schwach waren, daß sie alle zehn Minuten vor Erschöpfung niedersanken. Der zwölfte Tag begann. Die zwölfte Kerbe. Wasser schöpfen. Sie bekamen das Boot nicht richtig leer, aber hinten und vorne war es jetzt trocken; nur in der Mitte stand noch das Wasser.

Gegen Mittag setzten sie das Segel.

Sie verkürzten den Mast um einen Riemen. Das Segel war so kleiner, aber zuvor waren fünfzehn Mann in der Jolle gewesen. Jetzt waren sie zu zweit. Sie segelten gut mit dem verkürzten Segel.

Das Schlimmste war der Verlust des Ruders. Um das Boot im Kurs zu halten, blieb ihnen nichts übrig, als den zweiten Riemen, den sie beim Mast eingespart hatten, einfach nach hinten über die Ducht ins Wasser zu halten. Aber die Mühe, die es kostete, mit der einen Hand das Ruder zu halten und es mit der anderen zu führen, um so das Boot zu steuern, höhlte den letzten Rest ihrer Kräfte aus.

Wenn Kuert das Ruder eine Viertelstunde hielt, bekamen seine Finger einen Krampf. Dazu zitterte er vor Kälte und Schwäche. Der Mast tanzte vor seinen Augen – sein Körper war nichts als eine leere, kalte Hülle.

In diesen Augenblicken war er ganz nahe der endgültigen Niederlage. Sein einziger Halt war eigenartigerweise der Gedanke an Boywitt; der Gedanke, daß er ihn heimbringen mußte; zu seiner Frau; zu seinem Sohn. Er machte Kräfte in ihm frei, von denen er nichts gewußt hatte. Er war sein Schutz gegen alles; gegen die grausamen Schmerzen seines Körpers und gegen die Qual seiner Zweifel . . .

Die Nacht kam, aber keine Sterne waren zu sehen, kein Kreuz des Südens.

Der Morgen kam, und nichts war da als das Meer und der Himmel und der Wind.

Kuert hatte nicht mehr die Kraft, den Riemen zu halten. Wenn sie nicht kentern wollten, mußten sie das Segel herunterlassen.

Boywitt kauerte vorne im Steven. Er stöhnte und bettelte um einen Schluck Wasser. »Wasser, Fritz, ich brauche Wasser!« Kuert versuchte, nicht auf ihn zu hören. Das Gesicht des Fischers war qualvoll, ein einziges Flehen; Kuert spürte, wie Boywitts Betteln um Wasser langsam seine Kraft zersetzte, seinen Willen, um seine Existenz zu ringen. Er wußte, daß etwas geschehen mußte!

An diesem Morgen, dem dreizehnten Tag, sah er zum erstenmal die Haie. Er entdeckte sie, kaum sieben Meter von der Jolle; sie schwammen mit dem Boot. Boywitt mußte sie auch gesehen haben, er wurde plötzlich still. Kuert sah ihre Schwanzflossen aus dem Wasser ragen, schmal und scharf wie eine Klinge. Er zählte zwei große Haie und vier junge. Er beobachtete sie mit Schrecken, wie sie der Jolle folgten.

Blut, dachte er unbestimmt, Blut lockt sie an! Sein Blick fiel auf das Tau, das immer noch von der Ducht ins Wasser hing. Das also hatte sie angelockt!

Das Beste war, das Tau einfach zu kappen, die Leiche abtreiben zu lassen; dann würden die Haie von der Jolle ablassen. Aber es ging gegen seinen Instinkt, ein paar Meter Tau zu opfern. Wer weiß, wozu sie das Tau vielleicht noch brauchen würden.

Der Befehlshaber der Unterseeboote, Großadmiral Dönitz. Er widmete das Foto dem ehemaligen Bootsmann der ›Doggerbank‹, als dieser ihn 1961 aufsuchte.

U 43: Das Boot versenkte die ›Doggerbank‹ 1943 bei den Kapverdischen Inseln in dem Glauben, es sei ein englisches Schiff; 364 deutsche Seeleute fanden dabei den Tod.

Die ›Savoia‹ nach der Bombardierung im Dezember 1941 vor Brendise. Der Bootsmann Kuert überlebte vier Versenkungen von solchen Schiffen, die im Mittelmeer als Nachschubschiffe für das Afrikakorps eingesetzt waren. Weitere dieser Mittelmeer-Transporter waren (rechte Seite oben) die ›Aegina‹ und (rechte Seite unten) die ›Freienfels‹, die am 19. 12. 1940 auf der Höhe von Livorno versenkt wurde.

Paul Schneidewind, der Kapitän der ›Doggerbank‹, galt als ein besonders erfahrener Kapitän. Er hatte die Aufgabe, die ›Doggerbank‹ (unten) mit seiner wertvollen Ladung von Rohgummi und Speisefetten durch ein vom Feind kontrolliertes Seegebiet von Japan nach dem besetzten Frankreich zu bringen. Am 3. 4. 1943 wurde das Schiff – die frühere britische ›Speybank‹ – von einem deutschen U-Boot irrtümlich versenkt, unter Verlust von 364 Menschenleben.

Er griff das Tau mit seinen aufgeschundenen Händen. Er zog es zu sich heran. Er wunderte sich, wie leicht es war ... bis er den Rumpf sah, der am Ende des Taues hing. Schneidewinds Leiche war grausam verstümmelt, ohne Arme und Beine; nur der Rumpf und der Kopf hingen noch am Tau. Die Haie! Die Vorstellung, daß sie in der Nacht so nahe an das Boot herangekommen waren und sie es nicht gemerkt hatten, lähmte ihn vor Schrecken.

Er ließ den Rumpf ins Wasser zurücksinken. Er schnitt das Tau durch. Er dachte: *Ich habe über zwei Meter Tau verloren.* Der Tote, die verstümmelte Leiche – sie bedeutete wenig gegenüber dem Verlust des Taus. Und dennoch wünschte er sich plötzlich, mit den anderen gestorben zu sein. Sterben – das war für ihn nun gleichbedeutend mit dem Ende aller Leiden. Er verstand Schneidewind: Wie leicht der Tod durch eine Kugel war. Was hatten alle Leiden für einen Sinn, wenn er dann vor der letzten Prüfung doch versagte ...

Schneidewind hatte nichts gesagt von den Haien. Aber vielleicht hatte er auch das gewußt?

Kuert sah die Haie nicht mehr.

Sie werden wiederkommen und uns folgen. Sie sind ausdauernd und zäh. Und klug. Sie brauchen uns nur zu folgen. Sie haben Zeit. Sie wissen: Ihre Beute ist ihnen sicher.

Es tat gut, sie zu hassen. Der Haß belebte ihn, gab ihm neue Kraft. Es tat gut zu wissen, daß die Jolle ihr einziger Schutz war. Schutz oder Sarg.

Unser Sarg.

Er stellte sich vor, wie es sein würde: zwei Tote in einem Boot, das mit ihnen segelte, weiter und weiter über das Meer, bis an irgendeine fremde Küste. Er sah die Menschen zusammenlaufen am Strand und in den Sarg blicken, auf die zwei namenlosen Toten ...

Er starrte auf das leere Tau in seinen Händen. Tue etwas! befahl er sich. Für Boywitt, für dich selbst. Für Schneidewind, für Bahrend, für Stachnovski, für den kleinen Waldemar – tue etwas!

Er kroch in den Steven. Boywitt sah ihn an, mit dem stummen, flehenden Blick.

»Wasser, Fritz! Bitte! Nur einen Tropfen Wasser!«

Er nahm das Taschenmesser. »Wir werden uns ein Ruder machen, Papa.«

»Ein Ruder?« Boywitt sah ihn an, ungläubig. »Womit?«

»Wir schaffen es, Papa. Wir schaffen das Ruder! Und wir schaffen es, nach Hause zu kommen.«

»Wasser, Fritz! Ich brauche Wasser.«

Er begann damit, die vordere Bootsbank in der Mitte auseinanderzuschneiden. Das zwei Zentimeter starke Brett zu teilen, war noch relativ einfach. Er arbeitete mit dem Taschenmesser, führte einen Schnitt, vertiefte ihn, langsam, bedächtig, um die Klinge des Messers zu schonen, bis der Schnitt schließlich so tief war, daß er die Bank mit seinem Körper durchbrechen konnte . . .

Das Schwerste war, die Nägel – je zwei Nägel, die an den Seiten der Bank saßen – herauszubekommen. Zuerst legte er die Köpfe mit der Klingenspitze frei, entfernte Holzsplitter um Holzsplitter. Aber die Nägel saßen immer noch fest. Er versuchte, sie zu drehen, so lange, bis unter seinen Fingernägeln das Blut hervorkam. Er leckte das Blut von den Nägeln. Er versuchte es mit den Zähnen . . .

Er brauchte sechs Stunden, um die zwei Nägel auf der einen Seite herauszubekommen. Die anderen zwei ließen sich leichter mit dem Brett herausdrehen. Aber er mußte vorsichtig sein, denn er brauchte die Nägel.

Als es zu dämmern begann, besaß er nach einem Tag Arbeit: zwei Bretter aus der vorderen Bootsbank; vier Nägel, jeder 2,5 Zoll lang; ein Tau; eine Pinne, die er aus der mittleren Bootsbank gemacht hatte . . .

Er war am Ende. Jeden Augenblick rechnete er damit, umzukippen. Manchmal schlug die Bewußtlosigkeit wie eine Welle über ihm zusammen. Aber er arbeitete weiter, um die Teile zusammenzusetzen. Es war längst dunkel. Er gab nicht nach, bis das Ruder fertig war . . .

Am Morgen schnitt er die vierzehnte Kerbe. Dann setzte er mit Boywitt das Ruder ein.

Es paßte wie nach Maß. Er war stolz auf sich. Und auf Boywitt. Und darauf, daß sie ein so gutes Gespann waren . . . Seine Hände waren blutig. Überall hatte er eiternde Wunden. Er wusch seine Hände im Salzwasser.

Sie werden heilen, dachte er, je weniger du daran denkst, um so besser werden sie heilen.

Alles, was du tun mußt, ist klar bleiben – und segeln. Wie der Kapitän.

Du bist jetzt der Kapitän!

25

Das Wetter hatte sich gebessert. Die Sonne schien, aber trotz der Sonne spürte er nicht, daß es wärmer geworden war. Er bestand nur noch aus einzelnen schmerzenden Teilen: blutende Hände; eiternde Wunden; brennende Augen, wie blind; eine vor Durst geschwollene Kehle . . . lauter Teile, die nichts miteinander zu tun hatten . . .

Die Tage verstrichen wie im Traum. Die Nächte waren nur andere, schreckliche Träume.

Jetzt, mit dem Ruder, konnten sie wieder segeln. Aber nach einer halben Stunde am Steuer war er fix und fertig. Er ließ sich einfach lang ins Boot fallen. Boywitt kroch dann auf die Ruderbank, übernahm das Steuer. Dann er. Dann Boywitt. Das alles geschah ohne Worte. Sprechen, die wunden Lippen zu bewegen, wäre eine zu große Anstrengung gewesen. Und dennoch war es gut, nicht allein zu sein. Auch wenn sie jetzt kaum noch miteinander sprachen – allein zu sein bedeutete aufgeben – Tod.

Boywitt bettelte nicht mehr um Wasser. Nicht mehr mit Worten jedenfalls. Aber unaufhörlich flehte er mit seinen Augen: Wasser!

Das Wetter blieb klar, sonnig. Der Wind nahm nicht ab.

Die Haie folgten ihnen nach wie vor wie Schatten. Es waren zwei oder drei große. Die anderen waren junge, kleinere.

Gegen Mittag des fünfzehnten Tages, während Kuert schlief, ließ Boywitt das Segel herunter wegen des starken Windes. Als sie es wieder hochziehen wollten, merkten sie, daß sie es fast nicht mehr schafften. Selbst zu zweit waren sie kaum noch stark genug, das Segel wieder aufzuziehen. Sie mußten das Risiko eingehen, das Segel stehen zu lassen. Sie hatten keine andere Wahl.

Wir müssen segeln, segeln.

In der Nacht zum siebzehnten Tag sahen sie das Kreuz des Südens. Backbord voraus. Wie der Kapitän es gesagt hatte. In derselben Nacht glaubte Boywitt, Schiffsschrauben gehört zu haben.

Kuert glaubte nicht an ein Schiff. Nicht an dieses, noch an ein anderes. Er glaubte nur an den Wind. Der Wind war ihr Verbündeter. An Schiffe glaubte er nicht mehr. Nur an den Wind . . . So segelten sie, ohne Gedanken, wohin ihr Weg ging, mit stumpfen Sinnen.

Boywitt nach Hause bringen – es war das einzige, was noch Wirklichkeit war . . .

Am achtzehnten Tag hörte Boywitt auf, ihn am Steuer abzulösen. Es war seine Zeit, aber der Fischer lag vorne im Steven und rührte sich nicht. Kuert stellte das Ruder fest und kroch zu ihm. Sich aufzurichten, zu gehen, daran war nicht mehr zu denken; er kroch auf Händen und Füßen.

»Du mußt mich ablösen, Karl.« Jedes Wort war eine Qual.

Boywitts Kopf zuckte. »Ich bin zu schlapp. Ich bin fertig, Fritz. Gib mir was zu trinken, gib mir Wasser . . . bitte . . .« Er weinte ohne Tränen. »Bitte, nur einen Schluck . . .«

Es gab Kuert einen Stich, als er sein Gesicht sah, nur Haut, Knochen und Wunden.

Das blaue Kulini hing an Boywitt herunter, grau, vom Salzwasser zerfressen. Gestank stieg aus den Kleidern, die an seinem Körper verrotteten. So saß er da, ein elendes, stinkendes menschliches Wrack.

Seh' ich auch so aus?

»Du mußt mich ablösen, Karl! Ich kann einfach nicht mehr . . .«

»Ich lös' dich ab, aber gib mir zu trinken . . . nur einen Schluck . . . bitte.«

Kuert hörte die Worte, ohne mehr zu fühlen als seinen eigenen, quälenden Durst.

»Warum läßt du mich kein Salzwasser trinken, Fritz? Ein Schluck . . . kann doch nicht schaden.«

Diesmal erschrak Kuert. Er versuchte, die Stimme zu heben. »Hör' auf! Ich kann dir kein Wasser geben . . .«

»Laß mich einen Schluck trinken, komm. Das wird nichts schaden . . . dann lös' ich dich den ganzen Tag ab.«

»Es bringt dich um, Papa! Du gehst kaputt von Salzwasser . . .« Er wußte nicht mehr, warum es so war. Sie hatten davon gesprochen, als sie noch alle beisammen gewesen waren, in den ersten Tagen nach der Versenkung. Kuert hatte sie gewarnt, Salzwasser zu trinken, immer wieder. Er hatte ihnen erzählt, daß er Schiffsbrüchige gesehen hatte, die nach sieben Tagen von den Ärzten nicht gerettet werden konnten, weil sie Salzwasser getrunken hatten. Das wußte er jetzt nicht mehr. Er wußte nur, daß er nie der Versuchung erliegen durfte, Salzwasser zu trinken . . .

»Es bringt dich um«, wiederholte er, »sei vernünftig, Karl. Ich hab' kein Wasser.«

Boywitt bettelte weiter. Es machte Kuert rasend vor Durst. Er konnte es nicht mehr hören. Er kroch zum Steuer zurück und ließ Boywitt im Steven sitzen.

Am Nachmittag begann Boywitt zu singen. Kuert wunderte sich, wie ruhig und fest die Stimme des Fischers plötzlich war. Es waren Kirchenlieder, die Boywitt sang; *Großer Gott, wir loben Dich* – aber die meisten kannte Kuert nicht. Boywitt sang ohne eine Spur Angst in der Stimme:

Gott der Vater wohn' uns bei,
Laß uns nicht ver-der-ben,
Mach' uns al-ler Sün-den frei,
Helf' uns se-lig ster-ben . . .

Boywitt sang den ganzen Nachmittag, mit kurzen Pausen, wenn er erschöpft war. Bald verstand Kuert die Worte nicht mehr. Manchmal erkannte er eine Melodie. Dann waren selbst diese sich alle gleich – ein langer, monotoner Singsang in immer längeren Intervallen.

Zuerst hatte es Kuert nichts ausgemacht; schließlich konnte er es nicht mehr aushalten. Plötzlich hatte er Angst. Vielleicht drehte Boywitt durch.

Kuert kroch wieder zu ihm nach vorne. »Komm mit mir, Papa.« Er legte einen Arm um seinen Rücken; so schleppte er ihn mit sich. Erst jetzt, als er Boywitt wieder in seiner Nähe hatte, merkte er, wie sehr er sich vor dem Alleinsein fürchtete.

»Tut mir leid, Fritz . . . Ich mach' dir nur Mühe . . . laß mich doch.« Nach einer Weile fragte er sogar: »Soll ich das Ruder nehmen?«

Kuert schüttelte den Kopf. Er hätte doch nicht schlafen können. Selbst wenn Boywitt ihn ablöste, mußte er auf ihn aufpassen, und so war es egal.

Es war schon gut, ihn zu haben, hier an seiner Seite, selbst wenn er nichts tat.

Dumpf dachte er noch immer: Ich muß Boywitt durchbringen! Er begann, auf den alten Fischer einzureden. Was wußte er von Boywitt? Was hatte der ihm erzählt?

Da war sein Fischkutter: Boywitt hatte ihm gesagt, daß es ein Kutter mit einem roten Segel sei. Das rote Segel war bekannt an der ganzen Küste. Jeder wußte, das ist Karl Boywitt, der Fischer.

So redete Kuert von dem Boot mit dem roten Segel, von anderen Dingen. Boywitt wurde ruhig dabei. Und so sprach Kuert weiter. Es fiel ihm nicht einmal auf, daß es kaum zusammenhängende Sätze waren, daß es nichts anderes war als ein monotoner Singsang . . .

Als er am nächsten Morgen aus seiner Erschöpfung aufdämmerte, war Boywitt nicht mehr an seiner Seite.

Er ist mir abgehauen, dachte er bitter.

Er hatte es nicht gemerkt in der Nacht. Der alte Fischer hatte sich in den Steven verkrochen. Er lag dort, das Gesicht in den Armen geborgen.

Aber er schlief nicht. Als Kuert zu ihm hinkroch, richtete Boywitt sich langsam auf. Er hatte einen veränderten Ausdruck auf seinem Gesicht; eine fast übernatürliche Ruhe. Kuert starrte auf dieses Gesicht, das nicht mehr Boywitts Gesicht war . . . und dann roch er seinen Atem . . . Er wußte sofort, was geschehen war.

Der Gestank ihrer leeren Mägen war grausam, doch daran hatte Kuert sich längst gewöhnt. Aber jetzt schlug ihm Boywitts Atem wie ein Pestgeruch entgegen.

Und dann sah er seinen Mund.

Der Mund stand offen. Das Rot der Lippen war grau. In den Mundwinkeln und in den Bartstoppeln hingen weiße Kristalle. Kuert starrte auf die weißen Mundwinkel, in denen sich das Salz gesammelt hatte.

»Was hast du gemacht, Karl?« Er wartete auf die Antwort, obwohl er sie kannte. Er packte Boywitt bei den Schultern. »Du hast Salzwasser gesoffen!«

Ganz schwach, so, als sprächen sie nicht über ihn, schüttelte Boywitt den Kopf. »Laß mich allein . . .«

»Es bringt dich um, Papa! Ich habe dir gesagt, daß es dich umbringt.« Er weinte. Aus Zorn über Boywitts Unvernunft; aus Verzweiflung über sein Versagen: *Warum habe ich nicht besser auf ihn aufgepaßt!*

Dahinter war ein anderer Gedanke: *Du mußt dich damit abfinden . . .*

»Ich habe es nicht mehr ausgehalten, Fritz . . .«

Kuert ließ ihn los. Er konnte die Berührung plötzlich nicht mehr ertragen. Es war ähnlich wie damals, als die Pistole neben ihm ins Boot gefallen war und er Angst gehabt hatte, nach ihr zu greifen . . .

Er ließ Boywitt zurück und kroch ans Steuer. Der andere Gedanke wurde klarer und deutlicher:

Er hat Salzwasser getrunken. Du mußt dich damit abfinden, daß er nicht mehr lange bei dir sein wird.

Etwas in ihm widerstrebte diesem Gedanken; gleichzeitig wußte er, daß Boywitt ein vom Tode gezeichneter Mann war.

Du mußt ihn abschreiben . . .

Hin und wieder warf er einen Blick auf den Fischer. Er wartete auf eine Reaktion, aber es kam keine.

Am Nachmittag sang Boywitt wieder, mit heiseren, schluchzenden Lauten.

In der Nacht, während Kuert schlief, trank er wieder Salzwasser. Kuert sah es am Morgen. Er wußte nun, daß er bald allein sein würde.

Er schnitt seine Kerbe in den Rand der Jolle. Er versuchte, sie zu zählen. Sie verschwammen vor seinen Augen. Er tastete sie mit dem Finger ab wie ein Blinder: neunzehn.

Dies war der neunzehnte Tag.

Die Sonne schien, grell und strahlend, aber ohne Wärme. Er spürte kaum Wind. Das Segel hing schlaff herab. Zur Rechten und zur Linken war nichts als das Meer, still, ruhig, von einem tiefen Blau – ein großes Schweigen, in dem das Boot sich langsam bewegte.

Er saß dort in der Ducht und segelte das Boot durch das endlose, tiefe Schweigen.

Segeln, dachte er, segeln, segeln, wenn du überhaupt Land erreichen willst.

Was er noch an Kraft besaß, wollte er einsetzen; denn er war nun der letzte Mann von der *Doggerbank*.

26

Der Regen kam am einundzwanzigsten Tag.

Schon am Tag zuvor hatte sich der Himmel bezogen, und Kuert hatte die dunklen, tiefhängenden Wolken ängstlich beobachtet. Boywitt lag seit zwei Tagen und Nächten regungslos im Steven. Zuerst hatte Kuert noch dann und wann seine Gebete gehört – ein Wimmern – jetzt war er seit langem stumm.

War er tot? Lebte er noch? Kuert hatte ihn allein gelassen. Die sechs Meter von der Ducht bis zum Steven waren zu weit für ihn. Was er noch an Kraft besaß, brauchte er zum Segeln . . .

Er konnte sich nicht einmal mehr freuen, als es dann am Mittag des einundzwanzigsten Tages zu regnen begann. Er saß an seinem Steuer, in dem leise fallenden Regen, entschlußlos. Wenn er trinken wollte, mußte er das Segel herunterlassen, aber er hatte Angst davor.

Schließlich schleppte er sich schwankend zur Mitte. Er löste das Tau, ließ das Segel herunter, breitete es aus, um den Regen aufzufangen.

Boywitt rührte sich nicht. Kuert dachte nicht an ihn, während er die Persenning von der krustigen Salzschicht säuberte und wieder ausbreitete. Er dachte nur an seinen quälenden Durst. Seit einundzwanzig Tagen hatte er keinen Bissen gegessen. Dreizehn Tage waren es her, seitdem er zum letztenmal getrunken hatte – einen Becher rostigen Wassers . . .

Der Regen sammelte sich schrecklich langsam in der Mulde der Persenning. Sowie es sich sammelte, trank er es weg, fieberhaft und gierig; das Wasser rann ihm aus dem Mund über seine Brust. Er hatte bestimmt einen Eimer voll getrunken, ehe er dachte: Warum kommt Boywitt nicht?

Er richtete sich auf. Er klammerte sich an den Mast. »Boywitt, wir haben Wasser. Karl . . . es regnet. Komm!«

Der Fischer reagierte nicht. Er lehnte im Steven, das Gesicht im Regen, mit geschlossenen Augen und offenem Munde; er hätte ebensogut schlafen können.

»Karl, komm her. Jetzt kannst du trinken . . . Du kannst jetzt trinken, soviel du willst.«

Er stieg wankend über die Bootsbank.

Er sah den Regen auf dem Gesicht Boywitts. Er rann über seine Stirn, die eingesunkenen Augen, über die eingefallenen, stoppeligen Wangen. Der Regen rann über das Gesicht wie über eine ausgetrocknete, graugelbe Erdkruste, versickerte in seinem Mund wie in einem Loch.

Kuert kniete sich neben ihn hin. Er beugte sich über ihn. Es war, als würde ein Messer in seinem Magen umgedreht. Boywitts wulstige, aufgeplatzte Lippen waren quittengelb. Aus den Mundwinkeln sickerte Eiter.

Für einen Augenblick wandte Kuert sich schaudernd ab. »Papa! Warum konntest du nicht warten. Warum hast du das Salzwasser getrunken. Ich hab' dir gesagt, es bringt dich um. Jetzt regnet es. Karl, es regnet. Komm . . .«

Es regnete jetzt stärker. Kuert hörte es auf die Persenning klatschen. Als er sich umwandte, sah er, daß sie bis zum Rand gefüllt war.

»Sieh dir das an, Papa! All das schöne Wasser!«

Er kniete sich über den Fischer, auf sein Gesicht starrend. Er dachte noch immer, daß er vielleicht nur schliefe.

»Ich kann allein gar nicht so viel trinken! Warte, ich helfe dir . . .«

Boywitt gab keinen Laut von sich, als er seine Hand unter seinen Rücken schob. Sein Kopf sank zur Seite. Seine abgemagerten bleichen Arme rutschten hölzern von seinem Körper. Kuert begriff, daß er tot war. Aber er weigerte sich, es zu glauben.

Er kroch zum Segel zurück. Und während er trank, erwartete er die ganze Zeit, daß Boywitt sich aufrichten und kommen und mit ihm trinken würde.

Jedenfalls hast du jetzt für den Rest deiner Fahrt zu trinken! Nun kann dir nichts mehr geschehen . . .

Erst langsam wurde ihm klar, daß er keinen Behälter hatte, in dem er das Wasser aufbewahren konnte. Wenn er segeln wollte, mußte er das Wasser wegschütten.

Ich kann nur eines: trinken oder segeln.

Der Regen hatte aufgehört. Er starrte auf das bis zum Rande gefüllte Segel. Es war ein unvorstellbarer Gedanke, Wasser wegzuschütten. Das herrliche Wasser, auf das er so lange gewartet hatte!

Er sah Boywitt hilfesuchend an. »Sag' mir, was ich tun soll, Papa.«

Er war verloren, wenn er nicht segelte.

Und wenn alles Segeln zwecklos war? Wenn er doch nie Land erreichte? War es besser, das Wasser zu behalten? Einige Tage länger durchzuhalten, bis er doch noch von einem Schiff entdeckt wurde ...

»Was soll ich tun, Papa? Nun sag' schon! Was soll ich tun?«

Es war eine unmenschliche Entscheidung, die da von ihm verlangt wurde. Sie erschien ihm schwerer als alle andern, vor denen er bisher gestanden hatte. Und er mußte sie allein treffen.

Er schluchzte lautlos vor sich hin in seiner Schwäche, sich zu entscheiden. Er zog seine zerfetzten Kleider aus. Er schöpfte mit der Hand Wasser, schüttete es über seinen Nacken und die Wunden. Sie bedeckten seinen ganzen Körper wie Aussatz. Jeder kleine Kratzer hatte im Salzwasser begonnen zu eitern. Die Haut war überall aufgeplatzt. An den Knien und Händen hatte er tiefe, eiternde Löcher. Er wusch seine Wunden, aber die ganze Zeit wußte er, daß es nur ein Hinauszögern der Entscheidung war.

Du mußt segeln.

Aber ihm graute vor der Anstrengung. Das Segel hochzuziehen, allein, ohne Boywitt – es schien unmöglich. Sie hatten es zu zweit kaum geschafft. Und das war vor vielen Tagen gewesen. Wenn er das Regenwasser ins Boot schüttete? In der Mitte der Jolle stand eine Lache Salzwasser. Vielleicht war es verdünnt trinkbar. Er hob das Segel, leerte das Wasser auf den Boden der Jolle.

Er griff mit den wunden Händen das Tau. Aber er hatte nicht mehr die Kraft, das Segel aufzuziehen. Er war am Ende, bereit, sich aufzugeben. Über Boywitt hatte er nicht geweint. Aber jetzt rannen ihm die Tränen über das Gesicht. Er war sich dessen nicht bewußt. Nur seiner Schwäche, die ihn hinderte, das Segel aufzuziehen ...

Du darfst nicht aufgeben.

Er stieg auf die Bootsbank, in der der Mast steckte. Er knotete sich das Tau um den Leib. Er ließ sich fallen: Das

Tau schnitt in seine Rippen, schürfte die Haut auf. Aber durch das Gewicht seines fallenden Körpers brachte er das Segel einen halben Meter hoch.

Du schaffst es.

Hand über Hand zog er sich an dem Tau hoch. Er knotete es neu um seine Brust, ließ sich fallen. Wieder ein Stück. Nach fünf Versuchen stand das Segel . . .

Nachher, am Steuer in der Ducht, schon wieder durstig, starrte er auf das Wasser am Boden zu seinen Füßen. Er dachte an Boywitt, an seine vom Salzwasser zerfressene Kehle. Er hatte Angst. Er war nicht sicher, wie lange er der Versuchung widerstehen konnte, von dem Wasser am Boden der Jolle zu trinken. Er würde sich einreden, daß es ihm nicht schaden würde. Wenn es da blieb, würde er davon trinken.

Er stellte das Ruder fest. Er kroch von der Ducht. Er nahm das Stück Persenning, mit dem sie damals nach dem Kentern das Boot leergemacht hatten. Er schöpfte das Wasser aus dem Boden der Jolle, nur um nicht später in Versuchung zu geraten davon zu trinken.

27

Er segelte, mit dem Toten im Steven, schnitt seine Kerben in den Rand der Jolle, zerkaute die Holzsplitter langsam und segelte. Es gab kaum noch einen Unterschied zwischen Tag und Nacht.

Er rührte sich nicht mehr weg von der Ruderbank. Er döste ein, schrak durch eine Wendung des Bootes oder des Segels auf; dann war er für eine Weile wieder da, machte weiter. Die Tatsache von Boywitts Tod hielt er noch immer von sich fern. War er wirklich tot? Jedenfalls war er dankbar, daß sie da war, die Gestalt dort vorne im Steven. Er konnte sie ansehen. Er war nicht allein. Manchmal lauschte er, als erwarte er, ein Wimmern nach Wasser von den Lippen des Fischers zu hören.

Aber bald hatte er auch diese Wahrheit anzuerkennen. Seit dem Tag des Regens brannte die Sonne auf das Boot herab. Der Geruch vom Steven wurde immer unerträglicher. Er wehrte sich lange gegen den Gedanken, Boywitt der See zu übergeben. Es kam ihm wie Verrat vor. Und dann waren da die Haie. Sie hatten nie aufgegeben, dem Boot zu folgen.

Am dreiundzwanzigsten Tag wurde der Geruch so schlimm, daß er sich entschließen mußte. Er wartete bis zur Dämmerung. Es war die Stunde, die Boywitt so geliebt hatte: die Stunde, wenn die ersten Sterne herauskamen und er still auf dem Peildeck der *Doggerbank* gesessen hatte.

»Ich kann nicht anders, Papa.« Kuert fand es ganz natürlich, daß er laut sprach. »Ich wollte, du könntest dabeisein, wenn wir Land sehen ... Aber ich kann nicht anders ... Versteh' mich ... Bitte ...«

Er sah die Haie, seine Totengräber.

Er faßte Boywitt bei den Beinen und hob sie über den Bootsrand. Er stieß ihn ins Wasser. Er sah ihn abtreiben. Die Haie schossen auf ihn zu, schnappten nach seinen Beinen.

Sieh es dir an! Sieh es dir nur genau an. Dann weißt du, wie es dir geht, wenn du nicht durchhältst.

Und er dachte: Wenn du wirklich sterben mußt, dann bleibst du im Boot, den Vorteil hast du.

Er sah die Haie mit ihm abziehen. Er blickte über das Wasser. Er war sehr allein ...

Es war schon Gewohnheit: Durst zu leiden, Schmerzen zu erdulden, Angst zu haben. Er besaß weder Stolz, noch Willen – er besaß nur den Gedanken, daß er in der Jolle sicher war vor den Haien.

Das Schlimmste war, daß nichts geschah. Er war nur allein. Vollkommen allein. Das war alles.

Selbst der Wind hatte ihn verlassen. Die See war spiegelglatt. Das Segel hing schlaff herab, wie ein Leichentuch.

In der Nacht kam eine leichte Brise auf. Also segelte er nachts. Er war noch immer richtig im Kurs. Das Kreuz des

Südens stand in der Nacht Backbord voraus, so, wie der Kapitän es gesagt hatte. Am Tag, wenn der Wind nachließ, ließ er sich treiben. Die Haie folgten noch immer dem Boot.

Gegen Mittag des Tages, an dem er die vierundzwanzigste Kerbe eingeschnitten hatte, sprang ein fliegender Fisch ins Segel. Auf der Flucht vor den Haien brach der Schwarm aus dem Wasser. Sie segelten mit ihren hauchdünnen Flossen durch die Luft, und einer klatschte gegen das Segel, fiel auf den Boden der Jolle.

Er schnappte nach dem zappelnden Fisch. Er war nicht größer als ein Hering. Er drehte den Kopf zwischen den Fingern ab. Er saugte das bißchen Blut, das der Fisch hatte, aus den Kiemen. Er hatte kein Hungergefühl, aber er dachte: Du mußt essen, du brauchst Kraft. Er erinnerte sich, daß Bahrend einmal gesagte hatte, fliegende Fische seien eine Delikatesse. Er biß ein großes Stück des rohen Fleisches aus dem Rücken. Es schmeckte lasch und nach nichts.

Er kaute das Fleisch. Er versuchte, es hinunterzuschlukken, aber seine Kehle war wie zugeschnürt. Er spuckte die Haut aus und legte den Rest des Fisches auf die Bootsbank zum Trocknen. Zu seinem Durst kam jetzt noch die Hitze. Die Sonne war erdrückend heiß. Sie stand fast senkrecht und prallte erbarmungslos auf ihn nieder.

Wenn er nur den Kopf drehte, war es, als stürze er abgrundtief. Er konnte sich nicht mehr auf der Ruderbank halten. Er band das Steuer fest und sank auf den Boden.

Das Leuchten der Sonne auf dem Meer war unerträglich. Der Schweiß rann in seine Augen und brannte sie aus. Er sah alles wie durch einen Schleier aus Salz.

Sein Gesicht war so trocken, daß er spürte, wie die Haut sich über den Knochen spannte. Seine Kehle war eine einzige offene, brennende Wunde . . .

Am Nachmittag konnte er nicht mehr. Er kroch auf allen vieren zum Segel. Er würde es nie mehr aufziehen können, aber daran dachte er jetzt nicht; er suchte nur Schutz vor der Sonne. Während er das Segel herunterließ, verschwamm alles vor seinen Augen.

Er haßte seine Schwäche, seinen Durst, seine Wunden. Aber er sagte sich vor:

Du schaffst es. Du glaubst auch jetzt noch daran. Du wirst dich nicht unterkriegen lassen.

Er war sich nicht länger bewußt, was er tat. Nur eines: daß er wissen wollte, wer den Sieg davontrug, sein schwacher Körper oder sein ungebrochener Geist . . .

Er hatte das Segel über dem Steven ausgebreitet. Er kroch unter das Segel in den Schatten. Er lag dort, wo Boywitt gestorben war. Der leicht ansteigende Steven war wie eine Liege, der bequemste Platz im ganzen Boot.

Es war herrlich, nach den vielen Tagen auf der Ruderbank nur einfach dort zu liegen, das Segel über dem Kopf, nichts zu tun und dahinzudämmern . . .

28

So begann der fünfundzwanzigste Tag. Er dämmerte dahin unter dem Segel. Manchmal beobachtete er die Haie, die mit dem Boot schwammen. Er sah ihre blauen Rücken dicht unter der Wasseroberfläche. Manchmal erwachte er von einem leichten Schütteln des Bootes, wenn die Haie darunter hinwegtauchten. Er hatte alle Angst vor den Haien verloren. Im Gegenteil, er war froh, daß sie da waren, seine Gedanken beschäftigten. Sie sind meine einzigen Gefährten, dachte er.

Es waren mehr als in den ersten Tagen. Er hatte fast ein schlechtes Gewissen, sie zu beobachten, anstatt auf der Ruderbank zu sitzen und zu segeln. Sie schwammen zu beiden Seiten des Bootes. Was für gute Schwimmer sie waren, selbst die jungen! Zäh und voller Ausdauer.

Er kannte die Geschichten von Haien, die Boote zum Kentern gebracht hatten. Aber er war sicher, daß sie nichts Böses vorhatten. Sie suchten, wie er, nur den Schatten, wenn sie unter dem Boot hindurchtauchten, dort, wo der Schatten tief und kühl war.

Immer wieder kam er zu sich, wenn sie mit ihren Schwänzen das Wasser peitschten, ehe sie tauchten. Er fühlte das Schütteln des Bootes in seinem Rücken, wandte den Kopf und sah sie auf der anderen Seite aus dem Wasser brechen mit den hellen, silbernen Leibern, die einen Augenblick ganz hell in der Sonne leuchteten.

Die Haie waren gut; dennoch hatte er Sehnsucht nach einem Menschen, nach jemandem, mit dem er sprechen konnte. Aber alles, was ihm geblieben war, waren Erinnerungen. Und es waren wenig genug . . .

Etwas, das er immer vor sich sah, war der Brunnen im Hof der Schule. Der Brunnen in der Mitte des grauen Aschenplatzes.

An der Seite hing ein blecherner Becher an einer Kette. Als Jungen hatten sie nie aus dem Becher getrunken. Sie hatten sich einfach über den Rand des Brunnens gebeugt, den Mund unter den Wasserstrahl gehalten . . .

Der Schulbrunnen spielte in seiner Erinnerung eine große Rolle. Er sah das klare Wasser aus dem Hahn laufen, ein dicker Strahl . . . Aber immer war der Brunnen von vielen Jungen umlagert. Er war stets der Letzte in der Reihe . . .

Schließlich stieß er sie beiseite. Er hörte schon das Plätschern des Wassers. Sah schon den Wasserstrahl. Formte schon die Hände. Beugte sich über den Rand, um zu trinken . . . Dann schreckte er auf: Es waren nur die Haie, die das Wasser mit ihren Flossen peitschten . . .

Mutter haßte Haie, dachte er in seiner Erinnerung. Von einer Fahrt nach Venezuela hatte er als Souvenir getrocknete Haifischflossen mit nach Hause gebracht. Er hörte ihren Aufschrei, sah ihre erhobenen Hände. »So was kommt mir nicht ins Haus, Junge . . .«

Das Haus. Die vielen Häuser, alle gleich. Die Fassaden schwarzgrau von dem Ruß der Zeche Gneisenau.

Die kleine Zechenwohnung. Der schmale Flur. Dort schlief er, wenn er zu Hause war, weil sonst kein Platz war in der Wohnung . . .

Wie seine Mutter es wohl aufnehmen würde, wenn sie von seinem Tod erfuhr . . . Er sah den Briefträger. Er lehnte das Rad gegen die schwarzgraue Wand. Jetzt klingelt er ...

Sie nimmt den Brief, geht damit ins Wohnzimmer. Sie legt ihn auf das Büfett. Sie öffnet nie einen Brief. Sie wird warten, bis sein Vater von der Zeche nach Hause kommt ...

Aber noch ist es nicht soweit. Der Brief liegt auf dem Vertiko ... Nein, sie hat ihn mitten zwischen die Familienbilder und die Souvenirs von seinen Schiffsreisen gestellt, an das Segelschiff in der Whiskyflasche gelehnt ...

Er sah das Ledersofa neben dem Ofen. Die eingesessene Stelle an der Seite – der Platz seines Vaters. Dort wird er den Brief öffnen, Kohlenstaub unter den Nägeln. Seine Mutter sitzt starr auf einem der harten, unbequemen Stühle an dem runden Tisch ...

Wie sie den Brief wohl abfassen würden?

Plötzlich sah er die anderen Briefe und die anderen Boten. Er sah sie unterwegs auf ihren Rädern ... Schneidewind ... Stachnovski ... Waldemar Ring ... Binder ... Bahrend ... Boywitt.

Er sah Frauen die Briefe entgegennehmen ... Sie hatten alle das Gesicht seiner Mutter ...

Er war sich der Toten bewußt, als seien sie alle seine Brüder. Er dachte: *Du darfst nicht aufgeben. Sie dürfen nicht einfach krepiert sein, für nichts ...*

Er wußte nicht mehr, welcher Tag es war. Er hatte am Morgen die Kerbe eingeschnitten – es war die sechsundzwanzigste, aber er war unfähig, sie zu zählen. – Er war wieder unter sein Segel gekrochen. Er wußte, daß er nicht mehr viel Kraft hatte ... Eines Tages würde man ihn finden. Ein Boot ohne Namen. Eine namenlose Leiche.

Er nahm sein Messer. Er wälzte sich auf die Seite. Bei jeder Bewegung schienen seine Knochen zu brechen.

Langsam, Buchstaben um Buchstaben, kerbte er mit dem Messer seinen Namen in das Holz: seinen Namen; sein Land; den Ort seiner Geburt.

Nun hast du deinen Sarg. Ein großer Sarg, ganz für dich allein, mit deinem Namen ...

Er hatte mit allem abgeschlossen.

Wenn es soweit ist, dann mußt du sehen, wie das Sterben ist ...

Er sah den Vogel. Er stand ganz unbeweglich am Himmel, ungeheuer hoch, mit ausgebreiteten schwarzen Schwingen. Fantasierte er? Oder hatte der Vogel etwas mit dem Sterben zu tun?

Er konnte kaum noch atmen. Er lag auf dem Rücken und starrte zum Himmel, an dem der schwarze Vogel zu kreisen begonnen hatte. Er beschrieb einen weiten Kreis ... noch ein weiteres Mal. Dann stand er wieder still, schwebte in der Luft, mit schwarzen, unbeweglichen Flügeln ...

Er beobachtete ihn starr. Er spürte den Schlag seines Herzens ganz hoch in der Kehle. Das Bild des schwarzen Vogels quälte ihn. Es bedeutete etwas, das er nicht verstand. Es war sehr wichtig. Aber er begriff es nicht. Es war wie eine Botschaft, auf die er lange gewartet hatte und die er nicht zu entziffern vermochte ...

Der Vogel hatte wieder zu kreisen begonnen. Er entfernte sich immer weiter. Dann war er außer Sicht ...

Es war ein Vogel! Du bist nicht verrückt. Er sah aus wie ein Habicht, nur größer und schwärzer.

Er erschrak: Ob die anderen ihn auch gesehen hatten, ehe sie starben?

Die Sonne stand im Zenit. Sie war wie ein leuchtender Regen, der über ihn fiel. Er kroch unter das Segel zurück ...

Nur die Haie waren noch da.

Die Haie? – Das war ein anderes Geräusch, ein eigenartiges *Rauschen*. Vielleicht gehörte auch das zum Sterben; so, wie der schwarze Vogel.

Das Rauschen kam näher, eigenartig, mit einem schlagenden Geräusch. Er kannte nur ein Geräusch, das so ähnlich klang: das Geräusch der Schraube eines Schiffes, das zu hoch im Wasser lag.

Und er erinnerte sich, daß Boywitt davon gesprochen hatte, in der Nacht vor seinem Tod das Geräusch einer Schiffsschraube gehört zu haben ...

DRITTER TEIL

Die Rettung

29

Um zwölf Uhr hatte der Zweite Offizier der *Campoamor* die Wache auf der Brückennock übernommen. Der Tag war heiß, fast windstill. Er war bisher ereignislos verlaufen. Ein Dutzend Haie spielten im Wasser. Der Zweite Offizier beobachtete sie schon eine ganze Weile. Der Anblick der Haie, so weit von der Küste und den Inseln entfernt, irritierte ihn. Schließlich wandte er sich an den Läufer: »Hol' den Kapitän.«

Als Joaquin Diaz auf der Brückennock erschien, wies der Zweite Offizier nach Backbord. »Was halten Sie davon, Käp'ten? So viele Haie auf einer Stelle. Es sind mindestens ein Dutzend, und sie bleiben immer zusammen; da stimmt doch etwas nicht.«

Der Kapitän ließ sich das Glas geben. Glitzernd und funkelnd blitzten die Haie in der Sonne, wenn sie die Wasseroberfläche durchbrachen ... so viele waren in der Tat ungewöhnlich. Doch wo waren ihre Opfer? Ein anderes Schiff war nicht in Sicht ... Die B/T *Campoamor*, deren Kapitän Joaquin Diaz war, fuhr unter neutraler Flagge. Der spanische Tanker gehörte der CAMPSA, der Gesellschaft des Petroleum-Monopols. Das 10000-Tonnen-Schiff war vor vierzehn Tagen, am 15. März 1943, aus Barcelona ausgelaufen, um Öl aus Venezuela zu holen. In zwei Tagen würden sie ihr Ziel anlaufen, die Insel Aruba, die zu den Niederländischen Antillen gehörte.

Kapitän Diaz starrte auf das Funkeln und Glitzern. Plötzlich sah er das Boot, eine kleine Jolle. Ohne die Haie, so wurde es ihnen später klar, wären sie nie auf das Boot aufmerksam geworden.

Durch das Glas sah Diaz den Ruderriemen in der mittleren Bootsbank, aber ein Segel fehlte. Über dem Steven lag eine Persenning – das war alles. Er sah keinen Menschen. Er konnte auch keinen Namenszug auf der Außenseite der Jolle entdecken . . .

»Scheint ein treibendes Boot zu sein.« Der Kapitän der *Campoamor* nahm das Glas von den Augen. Für einen Kutter zum Fischen war die Jolle zu klein; niemand würde sich in einem solchen Boot so weit aufs Meer hinauswagen.

Die *Campoamor* war auf ihrem Kurs näher an das Boot herangekommen. Es lag jetzt fast querab, mit dem bloßen Auge sichtbar. Es trieb langsam vorbei, noch immer gefolgt von dem Rudel Haie.

Der Erste Offizier sah den Kapitän fragend an. Joaquin Diaz zögerte. Er konnte sich einen Zeitverlust nicht leisten. Die Reise war lang gewesen durch den vorgeschriebenen Seeweg, einen speziellen Korridor für neutrale Schiffe. Er hoffte, bei Tageslicht an Martinique vorbei in das Karibische Meer einlaufen zu können. Anderseits: Die Haie mußten ein Opfer gefunden haben, wenn sie dem Boot so hartnäkkig folgten.

Es waren die Haie, die ihn schließlich überzeugten. »Lassen Sie die Maschine stoppen«, befahl er. »Und schicken Sie mir Carducho.«

Der Erste Bootsmann der *Campoamor* war ein riesenhafter Kerl. »Wir versuchen an das Boot heranzumanövrieren«, sagte der Kapitän. »Sie gehen runter und sehen sich die Sache an. Wenn Sie jemanden finden . . . Sie wissen Bescheid, Carducho: Keine Kleider, keine Sachen, nur den Mann. Rühren Sie nichts an. Ich will keine Krankheiten an Bord.«

Im Schiffstagebuch der *Campoamor* steht darüber folgende Eintragung:

Um 13 Uhr 32 stoppten wir die Maschinen – angesichts eines Bootes in Richtung 15 Grad 31 Nord und 51 Grad West.

Der Tag war der 29. März 1943, ein Donnerstag. Es war der sechsundzwanzigste Tag nach der Versenkung der *Doggerbank*. Der Punkt, an dem der spanische Tanker die

Jolle sichtete, lag 1600 Seemeilen von der Versenkungsstelle entfernt.

Das eigenartige Geräusch war verstummt.

Selbst die Sonne, die das Segel hell und durchsichtig über ihm gemacht hatte, verdunkelte sich.

Er lag dort, in dem dunklen Schatten, und begriff nichts ... Er versuchte sich aufzurichten, aber er war zu schwach. So hob er die Hand und schob das Segel zur Seite.

Der große, schwarze Schatten war direkt neben ihm, hoch und schwarz ... wie die Bordwand eines Schiffes.

Selbst jetzt glaubst du noch an Schiffe, dachte er verschwommen und unklar. Er blickte auf die neben ihm aufragende dunkle Wand ... *Nieten* und *Bullaugen*.

Die Jolle schwappte dumpf gegen *Eisen*.

Der Vogel – Hatte er nicht wie ein Habicht ausgesehen? Das war es! Ein Habicht – ein *Landvogel*. Dann konnte das Land nicht weit sein ... Das Rauschen hatte wie das Rauschen einer *Schiffsschraube* geklungen. Und der dunkle Schatten vor seinen Augen war wie die *Bordwand* eines *Schiffes*. Und das da? Rot-Gelb-Rot. Eine spanische Flagge?

Er begann zu schreien, aber alles, was er hörte, war ein leises Röcheln. Etwas Weißes klatschte gegen die dunkle Wand, pendelte hin und her und hing dann ruhig: eine Strickleiter aus geflochtenen Stricken.

Er mußte für Augenblicke das Bewußtsein verloren haben; das nächste, an das er sich erinnerte, waren fremde Laute, ein Mann, der über die Bootsbank stieg. Ein riesenhafter Kerl mit nacktem Oberkörper, mit schweren Muskelpaketen, so kam er auf ihn zu. Er zog ein Bordmesser aus dem Gürtel seiner Leinenhose, beugte sich über ihn ...

Den Blick des Mannes würde er nie vergessen. In seinen Augen stand ein solch großes, ungläubiges Entsetzen, daß er sich in diesem Blick wie in einem Spiegel selber zu sehen glaubte. Das Entsetzen war so stark und echt, daß er im gleichen Augenblick wußte, daß er gerettet war ... Dann verlor er endgültig das Bewußtsein.

Diego Carducho, Bootsmann der *Campoamor*, trennte dem Mann in der Jolle mit dem Bordmesser die zerfetzten Kleider vom Leib, eine Unterhose und ein durchlöchertes Unterhemd. Der ganze Körper war mit Wunden bedeckt.

Die Männer an Deck hatten eine Taillenboje ausgeschwungen, um den Schiffbrüchigen darin emporzuhieven. Der Bootsmann winkte ab und schrie, sie sollten das Netz bringen. Es war ein Netz, das sie zum Fischen benützten, wenn sie irgendwo lange festlagen, um auf eine Ladung zu warten und der Proviant an Bord knapp wurde.

Er warf einen Blick auf das Boot. Sein Inneres war ganz weiß von dem in der Sonne verkrusteten Salz. In der Ducht, auf der Bank beim Ruder entdeckte er Spuren von eingetrocknetem Blut. Seine Pistole lag am Boden, auf der mittleren Ruderbank der ausgedörrte Rest eines Fisches. Er entdeckte die im Rand der Jolle eingeschnittenen Kerben. Er zählte sie – sechsundzwanzig; er schüttelte ungläubig den Kopf. Das Taschenmesser war ihm entgegengefallen, als er dem Schiffbrüchigen die Unterhose vom Leib getrennt hatte.

Carducho nahm die nackte Gestalt und legte sie in das Fischnetz. Er gab das Zeichen, sie hochzuziehen, dann kappte er das Tau, das die Jolle hielt. Er nahm die Pistole und das Messer und kletterte die Leiter hinauf.

Kapitän Diaz stand an der Reling. Zusammen mit vielen anderen sah er zu, wie das Fischnetz mit dem Mann aus der Jolle langsam zu Boden glitt; der Schiffbrüchige lag darin wie ein gefangener Fisch.

Carducho schälte ihn aus dem Netz. Dann lag er dort, auf den Planken des Decks, mit allen seinen eiternden Wunden, zum Skelett abgemagert, mit einem dunklen, vierwöchigen Bart. Die Männer der *Campoamor* wichen zurück beim Anblick des Schiffbrüchigen. Einer nach dem andern hob die Hand und schlug das Kreuzzeichen über seiner Brust. Carducho schließlich trug den Mann unter Deck ins Krankenzimmer; er war leicht zu tragen . . .

Nachher, auf der Brücke, sah der Kapitän noch einmal die

Jolle. Er sah, wie sie langsam abtrieb. Die Haie waren verschwunden.

Als Kapitän Joaquin Diaz später in der Krankenstation anrief, war der Schiffbrüchige noch immer ohne Bewußtsein. Er trat an das Pult, auf dem das aufgeschlagene Schiffstagebuch der *Campoamor* lag. Er schrieb:

Um 13 Uhr 40 hielten wir neben dem Boot und fanden in demselben einen Schiffbrüchigen in vollkommen erschöpftem Zustand, holten ihn an Bord und setzten unsere Reise fort. Genannter Schiffbrüchiger ist wegen seiner körperlichen Erschöpfung und Geistesverfassung nicht in der Lage, auszusagen. Es wird ihm entsprechend Erste Hilfe gewährt.

30

U 43 befand sich auf dem Heimmarsch, nach drei Monaten auf dem Atlantik.

Am Morgen des 31. März 1943 tauchte die französische Küste bei Lorient auf, verschwommen im Dunst des Morgens. Es würde ein schöner, sonniger Tag werden.

Die Küstenbewacher hatten U 43 bereits in ihre Mitte genommen. Sie führten das Boot durch die Minensperren, die diesen großen U-Boot-Hafen schützten.

Oberleutnant Hans-Joachim Schwandtke, der Kommandant von U 43, stand auf der Brücke unter dem Mast mit dem Wimpel. Es war nur einer: *ein* Wimpel für *ein* versenktes Schiff. Die Geleitzugoperation der Gruppe von U-Booten, der er zugeteilt worden war, hatte mit einem Mißerfolg geendet. Er immerhin hatte noch Glück gehabt, daß er wenigstens dieses eine Schiff versenkt hatte, einen Engländer. Fast 10000 Tonnen. Und schließlich sein erstes feindliches Schiff!

Schwandtke sah jetzt die von Bombenangriffen zerstörte Silhouette der Stadt Lorient. Dann tauchten die flachen, plumpen Bunker mit den kahlen, glatten Betonwänden auf.

Er war froh, als das Boot schließlich in den Schatten des Bunkers glitt; das erstemal seit einem Vierteljahr, daß er keine Angst mehr vor feindlichen Flugzeugen, vor Wasserbomben haben mußte.

Schwandtke hatte nicht den geringsten Zweifel bis zu dieser Stunde, daß das einzelne Schiff, das er versenkt hatte, ein englisches Schiff gewesen war. Wie alle Kommandanten, so mußte auch er zum Stab des Befehlshabers der Unterseeboote, um über seine letzte Fahrt einen persönlichen Bericht zu geben. Aufgrund seiner Meldung, aufgrund der Eintragungen im Kriegstagebuch von U 43 war man auch beim BdU überzeugt: U 43 hatte am 3. März 1943 ein Schiff vom Typ *Dunedin Star* versenkt.

Von der *Doggerbank* fehlte jede Spur. Das Schiff hätte nach dem Zeitplan der Seekriegsleitung längst in Bordeaux eintreffen müssen. Was war mit dem Hilfskreuzer und seiner wertvollen Ladung geschehen?

Aus Pressemeldungen oder auch aus Agentenmeldungen aus ausländischen Häfen war nichts zu erfahren – etwa, daß die Alliierten das Schiff aufgebracht hätten. Noch bestand eine geringe Hoffnung. Wahrscheinlicher war, daß die *Doggerbank* vernichtet worden war. Aber wie und wo war das geschehen? Noch kam niemand auf die Idee, daß zwischen der Versenkung, die der Kommandant von U 43 gemeldet hatte, und dem Verschwinden der *Doggerbank* ein Zusammenhang bestehen könnte.

Der Kommandant von U 43 wurde mit dem EK I ausgezeichnet und zum Kapitänleutnant befördert.

31

Der Schiffbrüchige lag in der kleinen Kabine auf dem oberen Deck der *Campoamor*, die man für ihn als Krankenzimmer eingerichtet hatte. Die Kabine war heiß und stickig. Der Schiffbrüchige lag auf dem schmalen Bett, nackt, nur bedeckt mit den weißen Verbänden, mit denen man die schlimmsten Wunden verbunden hatte.

Kapitän Joaquin Diaz stand schon eine Weile stumm vor der Koje, auf der der Mann sich unruhig hin und her wälzte. Unverständliche Laute kamen von seinen wulstigen Lippen. Er schien den Verstand verloren zu haben.

Zum Skelett abgemagert lag er da. Sechsundzwanzig Kerben hatte Carducho in der Jolle gezählt – es war unvorstellbar! Kein Proviant an Bord, kein Wasser. Es sah fast so aus, als hätten sie ihn zwar gerettet, würden ihn aber nicht durchbringen. Carducho, der Erste Bootsmann, der ihn an Deck gebracht hatte, hielt seither bei dem Schiffbrüchigen Wache.

»Hat er getrunken?« fragte Kapitän Diaz.

Carducho schüttelte den Kopf. »Das Schlimme ist, daß er nichts bei sich behält. Ich habe es mit einer ganz leichten, verdünnten Fleischbrühe versucht, löffelweise. Er erbricht alles . . .«

Diaz starrte auf die vom Salzwasser zerfressenen und eiternden Tätowierungen auf den Armen des Schiffbrüchigen. »Ich werde noch einmal ein SOS herausgeben.«

Die *Campoamor* hatte nur eine kleine Besatzung, und ein Arzt war nicht darunter. Sofort nach Aufnahme des Schiffbrüchigen hatte der Funker des Tankers ein »SOS – Kranker an Bord« über den Radiotelegrafen hinausgesandt. Verschiedene Schiffe hatten sich gemeldet, mit Ärzten an Bord. Die *Campoamor* hatte den Zustand des Schiffbrüchigen beschrieben und über Radio den Rat der Ärzte eingeholt.

Joaquin Diaz betrachtete den Mann. Auch den Namen und seine Nationalität – Deutsch – hatte Carducho in das Boot eingekerbt gefunden. Aber wie kam der Mann hierher? Deutsche Schiffe auf diesen Breitengraden, die von den Amerikanern beherrscht wurden? Es gab ein paar deutsche U-Boote. Aber wieso kam er dann zu dieser Jolle? – Diaz beugte sich über den immer noch Bewußtlosen, dessen Lippen sich bewegten. *Wasser* war das einzige Wort, das der Kapitän verstand.

»Vielleicht versuchen Sie es mit Wasser«, sagte Diaz. »Ein Löffel Wasser mit ein paar Tropfen Kognak oder Rum.«

»Es wird ihm die Kehle verbrennen. Und die Ärzte sind alle dagegen. Vielleicht sollten wir die Fleischbrühe noch mehr verdünnen.«

»Jedenfalls – bleiben Sie bei ihm. Ich werde jemand anders für Ihre Wachen einteilen.«

Er erwachte von den Stimmen.

Er sah niemanden, nur Schatten durch seine verschleierten Augen. Dann hörte er Männer sprechen, in einer fremden Sprache. Rot-Gelb-Rot . . . Hatte er wirklich eine spanische Flagge gesehen?

Er versuchte sich aufzurichten. Es war hoffnungslos. So lag er still. Wo war er? Immer noch in der Jolle unter dem Segel? Es war so heiß und stickig wie dort. Aber er lag nicht auf Holz; es war weicher.

Er tastete mit den Händen sein Lager ab. Es fühlte sich wie Stoff an, wie Leinen. Und dann spürte er die Bewegung: Nein, das war nicht das leise Schaukeln der Jolle auf dem Wasser.

Das ist ein Schiff, schoß es ihm durch den Kopf. Dieses leichte Vibrieren! Ein fahrendes Schiff! Das Vibrieren stammte von Schiffsmotoren. Was für ein Geräusch! Es war das schönste Geräusch, das er je in seinem Leben gehört hatte . . .

Er mußte eingeschlafen sein. Als er erwachte, war es dunkel, aber das Geräusch war noch da, er hatte sich nicht getäuscht. Die Stimmen waren nicht mehr da, aber vor ihm saß jemand. Er wandte den Kopf und sah den riesenhaften Kerl, den er schon einmal gesehen hatte. In der Jolle? Er saß dort, kerzengerade. Das Hemd stand ihm über der Brust offen. Und als er sich jetzt über ihn beugte, sah Kuert ein goldenes Kettchen mit einem Amulett . . .

Er spürte die Hand, die sich unter seinen Nacken schob, einen Becher an seinem Mund.

Er roch Fleischbrühe, und jetzt erinnerte er sich, daß man

schon einmal versucht hatte, ihm diese Brühe einzuflößen, und daß er alles erbrochen hatte. Er schüttelte den Kopf. Was sollte diese verteufelte Fleischbrühe. Wo war sein Rettungsgürtel mit der Feldflasche mit Rum? Einen Schluck Rum! Aber er konnte es nicht sagen. Er deutete mit dem Finger auf seine Lippen.

Das Gesicht des Mannes, das sich über ihn beugte, war ratlos und besorgt. *Rum*. Wie hieß Rum auf spanisch? Er mußte es doch verstehen. So ein Kerl . . . aber dann verschwamm das Bild vor seinen Augen . . .

Er erwachte von dem Geruch von Rum. Du fantasierst, dachte er, aber er blieb da, der unverkennbare Geruch von braunem Rum. In der Kabine – ja, es war eine Kabine – brannte Licht. Der Spanier mit dem Amulett saß vor seiner Koje, ein Glas mit einem Löffel und eine Flasche mit Rum in den Händen . . . Der Durst war schlimmer denn je, schlimmer als an irgendeinem Tag in der Jolle und wenn er die Kraft besessen hätte, so hätte er dem Spanier die Flasche aus den Händen gerissen. Worauf wartete er, warum machte er ein so besorgtes Gesicht? *Rum. Give me rum!*

Er beobachtete, wie er etwas Rum in das Glas goß. Nicht mal den Boden bedeckte es. Dann goß er Wasser auf. Eine Hand schob sich unter seinen Nacken, half ihm, sich aufzurichten. Die andere führte das Glas an seine Lippen . . .

Er griff gierig nach dem Glas, aus Angst, er könne es ihm im letzten Augenblick wieder wegziehen. Er spürte das Glas an seinen Lippen. Allein die Berührung schmerzte höllisch. Aber dann trank er, er schluckte – und schrie gleichzeitig auf. Der Rum brannte wie ein loderndes Feuer in seiner Kehle, brannte in seinem Magen. Er wand sich und schrie vor Schmerzen. Aber er erbrach sich nicht.

Mehr. More . . . Warum, zum Teufel, hatte er nie Spanisch gelernt. *More*. Er kam schon wieder an mit dieser Bouillon. Schon von dem Geruch wurde ihm übel. Er trank und erbrach. Sicher war der schöne Rum auch mit rausgekommen.

Ich muß an den Rum ran – er lag da und dämmerte vor sich hin, nur besessen von diesem einen Gedanken. Dann merkte er, daß er allein war. *Die Rumflasche*. Er hatte beobachtet, wo der Spanier sie hingestellt hatte, in eine Art Arzneischrank. Aber wie sollte er dorthin kommen? Er versuchte, sich von der Koje zu erheben, aber es gelang ihm nicht, sich aufzurichten. Er rollte sich zur Seite an den Rand der Koje. Sie lag nicht hoch über dem Boden. Er rollte weiter, fiel, schlug auf dem Boden auf. Er sammelte seine Kräfte und kroch dann auf allen vieren zu dem Schrank, ängstlich auf die Geräusche von außen lauschend, auf Schritte.

Er öffnete den Schrank. Er griff mit beiden Händen nach der Flasche, kaum fähig, sie zu halten. Er sah zum erstenmal seine Hände, die Wunden. Er schraubte den Verschluß auf. Der Geruch des Rums brachte ihn zur Besinnung. Wußte er, was er tat? Und dann war da die Angst vor den Schmerzen, dem höllischen Brennen, aber irgend etwas, irgendein Instinkt, der stärker als alles war, sagte ihm: Der Rum kuriert dich, der macht dir den Magen sauber. Nur nicht zuviel. Nur einen Schluck.

Er trank, und die Schmerzen schienen unerträglich. Aber wieder erbrach er sich nicht. Die Flasche war aus seinen Händen geglitten. Er war plötzlich unendlich müde, aber es war eine gute, selige Müdigkeit. Und da war das Vibrieren des Schiffes. Er spürte es auf dem Holzboden liegend stärker denn je. Der Maschinenraum mußte unter ihm liegen, und der stetige Rhythmus der Maschine war wie ein Herzschlag: Bum-bum; Bum-bum; Bum-bum . . . Er war sich nicht sicher, hörte er sein eigenes Herz oder das des Schiffes.

Sie fanden ihn auf dem Boden, neben der Flasche. Sie hoben ihn auf, legten ihn zurück in die Koje. Er schlief dann zwanzig Stunden tief und fest, ohne sich zu rühren, ohne im Schlaf zu sprechen, zwanzig Stunden, in denen sie nicht einmal mehr sicher waren, ob sein Atem ging.

Hinterher, als er erwachte, spürte er zum erstenmal seine Wunden, aber er war ganz klar. Er erfuhr den Namen des Schiffes, das ihn gerettet hatte, und sein Reiseziel, Aruba.

Er trank eine Tasse mit Fleischbrühe, und diesmal behielt er sie bei sich. Er war zu schwach, um allein aufzustehen, alleine zu gehen, aber mit der Hilfe des Bootsmannes und eines Stewards konnte er die ersten paar Schritte tun.

In der Kabine, in die man ihn gelegt hatte, befand sich eine Waage und auf die beiden Männer gestützt wog er sich. Er hatte immer ein Gewicht von 180 Pfund gehabt. Jetzt wog er noch knapp 80 Pfund. Er starrte auf die Skala, aber es sagte ihm nichts. Der schlimme Augenblick kam erst, als er sich im Spiegel sah. Da war ein Spiegel an der Innenseite des Spindes. Er sah eine zum Skelett abgemagerte Gestalt, voller Wunden. Er sah sich an, ohne sofort zu begreifen, daß er das sein sollte:

Sein Gesicht war nichts als ein hohläugiger Schatten. Die einst breiten Schultern waren krumm geworden; die Schlüsselbeinknochen standen heraus. Überall auf seinem Körper waren die ausschlagähnlichen Wunden, und wo die Haut heil war, war sie schuppig wie die eines Herings . . .

In keinem der Augenblicke in der Jolle hatte er sich so elend, so hilflos gefühlt wie jetzt vor dem Spiegel. Du stehst es nicht durch, dachte er, du kommst nie mehr auf die Beine! Er begann plötzlich hemmungslos zu weinen. Das Weinen schüttelte ihn wie ein Fieber, bis die beiden Männer ihn zu seiner Koje zurückführten . . .

32

Nach zwei Tagen kam die Küste in Sicht, und am Nachmittag des 1. April stoppte die *Campoamor* und warf ihre Anker draußen auf der Reede vor dem Ölhafen. Sie hatten dem Schiffbrüchigen einen Liegestuhl an Deck gestellt. Er lag dort, in Decken eingehüllt, trotz des heißen Tages. Er war immer noch zu schwach, um allein gehen zu können; zwei Männer mußten ihn stützen, und sie hatten ihn auch an Deck und zu dem Liegestuhl geführt. Er hatte immer noch nicht mehr zu sich genommen als die verdünnte Fleischbrühe und – löffelweise – mit Rum versetztes Wasser. Er trug eine Hose und ein Hemd, die man von dem jüngsten Schiffsjungen entliehen hatte, und selbst diese Hose war ihm noch zu weit.

Von seinem Platz aus an Deck sah Kuert den Hafen und die Stadt . . . Aruba – der Name hatte schon beim erstenmal etwas in ihm ausgelöst. Aber er hatte sich bis jetzt nicht erinnern können. Es fiel ihm schwer, seine Gedanken zu ordnen; die Bilder, die Erlebnisse seit der Versenkung der *Doggerbank* beherrschten ihn, am Tag sowohl wie in der Nacht. Was davor lag, schien ausgelöscht, wie in einem Nebel.

Ein Boot löste sich von der Küste, kam in einem weiten Bogen durch das Wasser auf die *Campoamor* zu. Es zeigte die niederländische Flagge und das Zeichen des Hafenlotsen . . .

Das Bild kam ihm bekannt vor, als erlebe er etwas Gleiches ein zweites Mal . . . Aruba . . . und dann erinnerte er sich: Er war schon einmal hier gewesen – nein, er war mindestens zwei- bis dreimal hier gewesen. Wann nur? Bestimmt vor dem Krieg. Mit einem Schiff natürlich. Die MTS *Brake*, ein Tanker. Sie hatten Öl geholt, wie der Spanier! Es mußte 1936, 1937 gewesen sein, jedenfalls vor dem Krieg. Er war nicht älter als achtzehn, neunzehn gewesen, ein junger, kräftiger Seemann, nicht so ein Wrack wie jetzt . . . Er merkte, wie ihm wieder die Tränen kamen, einfach aus Schwäche . . .

Das Lotsenboot fesselte jetzt seine ganze Aufmerksamkeit. Er beobachtete es, bis es seinen Blicken entschwand. Aber er konnte die Stelle beobachten, an der der Lotse an Bord kommen würde. Er sah ihn dann auch bald, aber er war nicht allein. Drei Männer folgten ihm. Sie trugen amerikanische Marineuniformen. Einer schien ein Offizier zu sein. Zwei hatten Armbinden der Militärpolizei, und sie waren mit Maschinenpistolen bewaffnet. Sie verschwanden in Richtung Kapitänskajüte.

Kuert sah Carducho an, den Bootsmann, der immer in seiner Nähe blieb. Der Spanier zuckte die Achseln, so, als schien das ganz üblich: Aruba, die Insel, war ein neutraler Hafen, aber die Amerikaner hatten dort eine starke Militärstation und übten dort praktisch die Macht aus ...

»Ihr werdet mich nicht ausliefern, oder?«

Wieder antwortete der Bootsmann nicht.

»Der Käp'ten hat es mir versprochen. Ich meine, daß er mich mit zurücknimmt nach Spanien.« Er hatte nicht weitergedacht. Ja, er hatte bei dem Gedanken, mit der *Campoamor* den Atlantik zu überqueren, Angst gehabt. Sie war zwar ein neutrales Schiff, aber auch neutrale Schiffe konnten versenkt werden ... Irgendwann hatte er sich geschworen: Du gehst nie mehr auf ein Schiff ... aber der Wunsch zurückzukommen war stärker. *Du mußt zurück* – der Gedanke war in ihm. Es hatte mit der Versenkung der *Doggerbank* zu tun, mit dem U-Boot, das sie torpediert hatte ...

Der Kapitän der *Campoamor* hatte ihn natürlich danach gefragt. Carducho und der Funkoffizier, der ein wenig Deutsch sprach, hatten ihn am Morgen auf die Brücke geführt, ins Kartenzimmer zu Joaquin Diaz. Er erinnerte sich vage an den Dialog: Was war sein Schiff gewesen? Die *Doggerbank.* Woher kamen sie? Aus Japan. Was hatten sie an Bord? Rohgummi vor allem. Wo sei die Versenkung erfolgt? Auf 36 Nord, 34 West. Das sei über 1600 Seemeilen entfernt! Konnte er es ihm genau auf der Karte zeigen? Er erinnerte sich an die Seekarte, an seine zitternden Hände, bis er auf den Punkt hatte deuten können, die Stelle südlich der Azoren. – Wie sei die Versenkung erfolgt? Durch ein U-Boot ...

Joaquin Diaz hatte diese letzte Antwort akzeptiert, ohne eine Frage nach der Nationalität des Bootes zu stellen. Warum auch? War der Gedanke, es könnte ein deutsches U-Boot gewesen sein, nicht viel zu ungeheuerlich? Ihm, Kuert, selbst kamen nun Zweifel. Es war im Augenblick auch nicht wichtig. Dafür war später Zeit, wenn er nach Spanien zurückgekehrt war.

»Er hat es mir versprochen; ich kann an Bord bleiben.«

»Natürlich«, sagte Carducho.

Kuert kam ein Gedanke: »Hat er einen Funkspruch herausgegeben?«

»Ein SOS. Weil wir keinen Arzt an Bord haben.«

»Und später?«

»Daß wir dich aufgefischt haben.«

»Daß ich ein Deutscher bin?«

»Das ist üblich.«

»Und den Namen meines Schiffes? Die Versenkungsstelle?«

»Das kann schon sein. Auch das ist üblich, oder? Was soll schon geschehen? Wir sind ein neutrales Schiff.«

Die Funkmeldung – sie erklärte die Anwesenheit der Amerikaner an Bord! – Sie waren jetzt schon gut eine halbe Stunde in der Kabine des Kapitäns. Er konnte sich ausrechnen, was es bedeutete: ein deutscher Seemann. Wer weiß, was für Geheimnisse sich die Amerikaner von ihm versprachen.

Ein Läufer erschien an Deck. Der Kapitän bat ihn zu sich auf die Brücke. Wieder mußten ihn die beiden stützen. Die beiden MPs standen vor dem Salon des Kapitäns Posten. Als Kuert den Raum betrat, sah er dem Gesicht des Kapitäns an, daß seine Vermutung ihn nicht getrogen hatte.

Der amerikanische Offizier, so stellte es sich heraus, war ein Arzt. Er sah Kuert nur an und sagte dann zu dem Spanier: »Sie können ihn unmöglich an Bord lassen. Er ist noch lange nicht über den Berg – was er braucht, ist richtige Pflege in einem Hospital. Wollen Sie die Verantwortung übernehmen, einen toten Mann zurückzubringen? Überlegen Sie es sich. Sie haben eine Stunde Zeit.«

Joaquin Diaz sagte eine Weile nichts, als der Arzt gegangen war. »Vielleicht ist es wirklich das beste«, sagte er dann, »für Ihre Gesundheit.«

»Ich bin schon ganz gut wieder auf den Beinen, oder?«

»Sie können mich zwingen ... Ich meine, wir sind ein neutrales Schiff, natürlich. Aber sie werden Schwierigkeiten machen. Sie werden uns kein Öl an Bord nehmen lassen. Sie werden uns nicht verproviantieren, kein Trinkwasser geben, keinen Treibstoff. Sie haben viele Möglichkeiten ...«

Es war Kuert klar, daß das keine Ausreden waren. »Sie haben meine Auslieferung verlangt?«

»Mehr oder weniger, ja.«

Sie hatten ihn aufgefischt, ihm das Leben gerettet. Wenn sie nicht gewesen wären ... Er hatte sich ausgerechnet, daß er vielleicht noch vierundzwanzig Stunden in der Jolle hätte überstehen können. Mit der Strömung hätte er bis dahin vielleicht Land erreichen können, irgendeine der vielen kleinen Inseln der Niederen Antillen, Antigua vielleicht oder Guadeloupe oder Dominica. Auf den meisten saßen die Engländer, auf den anderen Franzosen ... Schneidewind hatte damals recht gehabt mit seiner Entscheidung. Aber der Kapitän der *Doggerbank* lebte nicht mehr. Keiner lebte mehr, nicht einmal Papa Boywitt, der so lange bei ihm ausgehalten hatte. Nur er lebte. *Ich lebe.*

War etwas anderes wichtig? Wieder kamen ihm die Tränen vor Schwäche. Er merkte, wie er zusammengesackt wäre, wenn die beiden Männer ihn nicht gestützt hätten ... Im Grunde war es ihm egal, was mit ihm geschah. Er war müde. Er wollte schlafen. Er merkte, wie ihn der Schlaf im Stehen überfiel ...

Er erwachte vom Geräusch einer Sirene. Sie klang wie die Sirene eines Krankenwagens. Aber als er die Augen aufschlug, merkte er, daß er noch immer an Bord des Spaniers war, auf der Koje in seinem Krankenzimmer. Carducho war da und der Funkoffizier. Die Sirene kam von draußen, von Steuerbord, also vom Hafengebiet. Das Bullauge stand offen. Dann verstummte sie.

»Die Amerikaner?«

Carducho nickte.

Er war bereit. Er brauchte nicht zu packen. Er besaß eine geschenkte Hose, ein geschenktes Hemd – und sein Leben. Dann fiel ihm die Jolle ein, zum erstenmal.

»Was ist mit dem Boot? Dem Boot, in dem ihr mich gefunden habt?«

»Wir haben es treiben lassen.«

Was war in der Jolle gewesen? Er erinnerte sich nur an das Messer. Hatte Carducho es an sich genommen? Als Souvenir? Er wollte danach fragen, aber dann unterließ er es. Das Messer würde ihn fortwährend erinnern, und es war besser, zu vergessen.

Von Deck aus sah er den Krankenwagen unten an der Pier stehen. Ein grüner Wagen mit einem roten Kreuz im weißen Feld an den Seiten. Rechts und links parkten zwei Militärjeeps, und amerikanische Marineposten, vier an der Zahl, standen herum mit ihren Waffen. So viel Aufwand für einen müden, klapprigen Seemann.

Joaquin Diaz, der Kapitän der *Campoamor*, erwartete ihn am Fallreep. Um ihn stand ein Großteil der Mannschaft des Tankers, so, wie vor drei Tagen, als sie den Schiffbrüchigen in dem Netz an Bord gehievt hatten. Sie traten beiseite, als der Kapitän näher trat, ihn umarmte und auf beide Wangen küßte.

Unten an der Pier standen zwei Sanitäter und eine Bahre bereit. Er wollte sich wehren, wollte die Schritte allein zum Wagen gehen. Aber da sah er die Menschenmenge, die sich um den Konvoi der Amerikaner drängte. Er sah Haß in den Gesichtern. Er verstand es nicht. Nicht sofort, bis er einzelne Zurufe aufnahm, auf holländisch. *Nazi* – verstand er. *Hitler – Kopf ab* . . . Die amerikanischen Militärpolizisten hatten ihre Waffen im Anschlag.

Er ließ es geschehen, daß man ihn auf die Bahre hob. Es waren nur wenige Schritte, aber das Schaukeln machte ihn schwindelig. Er schloß die Augen. Er spürte, daß sie ihn in den Wagen schoben. Er öffnete die Augen. Er sah ein Schiff, eine dunkle Bordwand, Bullaugen, die Deckaufbauten, eine rot-gelb-rote Flagge . . . Hatte er das alles nicht schon einmal erlebt?

Es wurde dunkel um ihn, als die Tür sich hinter ihm schloß. Der Wagen fuhr an. Wieder überfiel ihn Übelkeit. Wo war er? Dieses Schaukeln? Aber dann, als der Ton der Sirene über ihm aufheulte, kam er zur Besinnung: Aruba, ein amerikanisches Sanitätsauto, zwei Jeeps. Was für ein Aufwand. Ihm war fast zum Lachen zumute. Aber er machte sich keine Illusionen. Ihm war klar, daß er praktisch ein amerikanischer Kriegsgefangener war, auch wenn die Fahrt in einem Hospital und in einem Krankenbett enden würde . . .

33

Die Nachricht kam aus Spanien. Ein verschlüsselter Funkspruch aus Madrid. Es war eine Routinemeldung des Marineattachés der Deutschen Botschaft. Aber für die deutsche Seekriegsleitung klärte sie das Rätsel um die *Doggerbank.*

Ein Kapitän Joaquin Diaz – so die Meldung aus Madrid, die gleichzeitig von den Engländern aufgefangen und ohne Mühe in London entschlüsselt wurde – habe nach der Rückkehr von einer Fahrt nach Venezuela folgendes zu Protokoll gegeben:

Die *Campoamor* habe aus einer treibenden Jolle einen Schiffbrüchigen aufgenommen. Der Mann habe seinen Namen als Fritz Kuert angegeben, deutscher Staatsangehöriger, Bootsmann der Handelsmarine, letztes Schiff: *Doggerbank.* Sein Schiff sei am 3. März desselben Jahres südwestlich der Inselgruppe der Azoren auf 36 Grad Nord und 34 Grad West von einem U-Boot versenkt worden. Die niederländischen und amerikanischen Behörden von Aruba hatten seine Auslieferung verlangt, und dem war stattgegeben worden.

Die Meldung gelangte auch nach Berlin, zu jener Dienststelle, die verantwortlich war für alle deutschen Handelsschiffe und Hilfskreuzer für die Dauer des Krieges; Abteilung Seekrieg I; oder I SKL.

Die Dienststelle hatte gegen Ende 1942 eine zweite, große Blockadebrecheraktion gestartet, in deren Verlauf man hoffte, insgesamt 140000 Tonnen trockener Ladung und 70000 Tonnen pflanzlicher Öle aus dem Fernen Osten nach Deutschland zu verbringen. Die *Doggerbank* war eines der Schiffe, das an dieser Aktion teilnahm und mit eines der ersten, das von seiner langen Reise zurückerwartet wurde. Sie war deshalb ein besonders wertvolles Schiff, nicht nur wegen ihrer Ladung, sondern auch, weil man sich von dem Erfahrungsbericht des Kapitäns wichtige Hinweise erhoffen durfte. Aber die *Doggerbank* hatte ihren Zielhafen – Bordeaux – nie erreicht.

Die Meldung also löste die Frage, an der man in der I SKL so lange schon rätselte: Wo war die *Doggerbank?* Sie klärte noch immer nicht die Frage: Was genau war vorgefallen? Der Name Kuert, stellte man schnell fest, gehörte zur Besatzung. Die Versenkungsstelle galt als besonders gefährdet, denn sie stellte die engste Stelle des Atlantik dar und war deshalb leichter vom Feind zu überwachen. Das Datum, der 3. März 1943, machte Kopfzerbrechen, denn bei der I SKL hatte man die *Doggerbank* noch nicht so weit vermutet. Am rätselhaftesten aber war die Angabe, das Schiff sei durch ein U-Boot versenkt worden.

Feindliche U-Boote hatten an diesem Tag keine Versenkungen gemeldet; und der Feind hätte es sich nicht nehmen lassen, einen solchen Erfolg zu melden. Man fragte bei der II SKL – dem Befehlshaber der Unterseeboote – an, bei der Abteilung OP, Operation Atlantik.

Im Stabsquartier des BdU in Berlin-Charlottenburg, im Hotel am Steinplatz, wurden die Akten befragt: 3. März 1943? Südwestlich der Azoren? Routinemäßig wurden die Kriegstagebücher – Logbücher eigentlich – der eigenen U-Boote überprüft. Hatten Boote am 3. März einen Erfolg gemeldet?

Nur ein Boot wurde gefunden, U 43, Kapitänleutnant Hans-Joachim Schwandtke. Aber der Kommandant hatte die Versenkung eines Engländers gemeldet. Nicht nur gemeldet; wie in jedem Fall war der Kommandant zur Berichterstattung nach Berlin gekommen. Der A 5, ein Stabsoffizier, der eine Versenkung registrieren und anerkennen mußte, stellte für gewöhnlich genaue und unbequeme Fragen. Schiffsbücher wurden gewälzt, dem U-Boot-Kommandanten vorgelegt. – Schwandtke hatte angegeben, die *Dunedin Star* versenkt zu haben oder doch jedenfalls ein Schiff dieser Typenklasse. Und man hatte sich schließlich damit zufriedengegeben . . .

Aber jetzt? Dem Chef des Stabes des BdU kamen die ersten Zweifel. Die *Dunedin Star* war um fast 3000 Tonnen größer als die *Doggerbank.* Sollte Schwandtke sich so verschätzt haben? Die beiden Daten – sowohl der Kommandant von U 43 wie der Überlebende der *Doggerbank* – sprachen vom 3. März! Der Ort der Versenkung stimmte überein. Konnten das alles Zufälle sein? Der Schiffbrüchige war nicht greifbar. Wo war Schwandtke? Schon wieder ausgefahren? Nein – er verbrachte seinen Urlaub.

Der Kommandant wurde nach Berlin gerufen, dazu alle Besatzungsangehörigen des U-Bootes, die sich nach der Versenkung und dem Auftauchen des U-Bootes an Oberdeck des Bootes befunden hatten. Es war inzwischen Mai 1943 geworden, über zwei Monate nach der Versenkung der *Doggerbank.*

Diese erneuten Befragungen verschafften den Admiralsoffizieren, die sie durchführten – alles ›befahrene‹ Leute, also ehemalige Kommandanten, alles Ritterkreuz- oder Eichenlaubträger – bald Klarheit: »Ein Befragen ergab, daß U 43 tatsächlich die *Doggerbank* versenkt hatte« – so hielt die Akte über den Fall fest. »Schiffstyp und -größe wurden vom Kommandanten stark verschätzt, so daß seine Kriegstagebucheintragungen zuerst gar nicht mit der *Doggerbank* in Deckung zu bringen waren . . .«

Die Frage war: Sollte man den Kommandanten von U 43 vor ein Kriegsgericht stellen?

Man besprach sich. Konferierte mit der I SKL. Traf Schwandtke eine Schuld – und welche? Niemand hatte

U 43 einen Befehl erteilt, auf einen Blockadebrecher zu achten. Es bestand kein Schußverbot, das er mißachtet hatte. Daß er keinen der Überlebenden aufgefischt hatte und so eine mögliche Rettung eines Teils der Besatzung verhinderte – auch das verstieß gegen kein Gesetz.

Und dann war da noch eine andere Überlegung: Die Kommandanten deutscher U-Boote, die zu diesem Zeitpunkt des Krieges in See gingen – mit veralteten Booten, unterlegenen Waffen –, erwartete auf dem Atlantik ein schweres Brot, die Hölle. Wollte man Schwandtke weiter als Kommandant verwenden – und das mußte man bei den großen Verlusten –, so war es besser, ihn gar nicht erst mit der Mitteilung, daß er ein deutsches Schiff versenkt hatte, zu belasten . . .

So empfand auch der I. Admiralsoffizier Günther Hessler, einer der an der Untersuchung des Falles Beteiligten im Stab des BdU: »Wir alle wußten, mit welchen Gefühlen die Leute ausliefen, wie hart das Brot für sie war, so daß wir auf keinen Fall etwas taten, wodurch ein Kommandant vor seinem Auslaufen seelisch noch durch irgendwelche disziplinarischen Dinge belastet wurde. Die Mitteilung, daß er die *Doggerbank* versenkt hatte, wäre mit Sicherheit eine enorme moralische Belastung gewesen – das Mitgefühl, ein eigenes Schiff versenkt zu haben, hätte dem Kommandanten schwer zugesetzt . . .«

So blieben die Akten über die Versenkung der *Doggerbank* geschlossen. Den Angehörigen der 364 Toten, die nach dem Schicksal ihrer Väter, ihrer Söhne fragten, ging eine kurze Mitteilung zu: »Nähere Angaben können und dürfen aus Gründen der Geheimhaltung nicht gemacht werden. Wir befinden uns im Krieg, und jede Meldung, die Schiffe und Besatzungen gefährden könnte, muß unterbleiben.«

Schwandtke, jetzt Kapitänleutnant, war nach Lorient zurückgekehrt. Er machte sein Boot bereit. Am 13. Juli 1943 verließ U 43 den U-Boot-Hafen Lorient.

Es kann nicht mit Bestimmtheit gesagt werden, ob

Schwandtke wirklich so unbelastet und ahnungslos über die Versenkung der *Doggerbank* war, wie man im Stab des BdU vermutete und hoffte. Hatten der Rückruf nach Berlin, die erneute Befragung – auch der anderen Besatzungsmitglieder – ihn nicht stutzig werden lassen? Es gibt einen Zeugen, der sich erinnern will, Schwandtke sei in den letzten Tagen vor dem Auslaufen ungewöhnlich ernst gewesen, habe sich abgekapselt, mit niemandem gesprochen ...

Neben den üblichen Torpedos war U 43 vollgestopft mit Minen, die alle Gänge versperrten, jeden freien Winkel einnahmen.

Sein Auftrag erreichte Schwandtke erst auf See, per Funkspruch: Verminung der Gewässer vor Lagos an der Goldküste Afrikas, einem wichtigen Nachschubhafen.

Ein Zufall – sicher nicht mehr – ergab, daß der Kurs, den U 43 nehmen mußte, das Boot ziemlich genau am Versenkungsort der *Doggerbank* vorbeiführte ...

34

Der 13. Juli war ein strahlender, heißer Tag auf Aruba. Vielleicht zwanzig Personen standen vor dem Hangar in der heißen Julisonne und warteten, daß die Militärmaschine der US-Navy startklar war. Ein paar waren Urlauber, die die Maschine bis Havanna auf Kuba benutzten, um von dort aufs Festland weiterzufliegen. Die meisten waren Kranke, für die die Pflege in dem behelfsmäßigen US-Hospital auf Aruba nicht ausreichte. Ein Arzt und der einzige Zivilist der Gruppe standen etwas abseits; was an dem Zivilisten sofort auffiel, waren die schuppige Haut seines Gesichtes und seine Hände ...

Kuert, der Schiffbrüchige der *Doggerbank*, war jetzt fast dreieinhalb Monate auf der niederländischen Antilleninsel im Gewahrsam der Amerikaner. Sein Gesundheitszustand war noch keineswegs gut, und das war einer der Gründe, warum man beschlossen hatte, ihn nach den Vereinigten Staaten zu bringen, in ein Hospital nach New Orleans.

Seine relativ gute Verfassung der ersten Tage, nachdem man ihn aufgefischt hatte, hatte nicht angehalten. Er erlitt einen Rückfall, eine Lungenentzündung kam hinzu. Die Salzwasserwunden verheilten nicht, näßten und eiterten immer wieder. Eine Herzschwäche trat auf, eine Anfälligkeit für Infektionen.

Er hatte eineinhalb Monate gebraucht, bis er zum erstenmal ohne fremde Hilfe laufen konnte. Er nahm nur langsam zu, trotz bester Nahrung und Aufbauspritzen. Erst am Morgen war er noch einmal gewogen worden: er wog ganze 120 Pfund, sechzig weniger als er auf der *Doggerbank* gehabt hatte ... Auch jetzt, trotz der heißen Julisonne, in der er stand, fröstelte ihn. Er sah die Maschine auf die Startbahn rollen. Sie erschien ihm klein und winzig, und er mußte daran denken, daß der Flug sie die ganze Zeit über Wasser führen würde. Am Ende des Flugfeldes leuchtete es blau auf, das Meer.

»Ängstlich?« Der amerikanische Arzt lächelte ihn an. »Sie wollten es so.«

Er hatte recht. Vor acht Tagen hatten sie ihm, Kuert, eröffnet, daß man ihn in die Staaten bringen würde – mit einem Schiff, einem Truppentransporter, der schon im Hafen lag. Er hatte sich geweigert; gedroht, daß er sich lieber umbringen würde, ehe er noch einmal ein Schiff betrat.

Er hatte sich selbst über sich gewundert. Er war ein Seemann durch und durch. Er liebte das Meer. Er hatte sich immer sicher auf Schiffen gefühlt, überzeugt, daß ihm nie etwas zustoßen könnte, und wenn, daß er es überstehen würde. Er hatte es überstanden, aber er wußte, daß er nicht noch einmal die Kraft aufbringen würde. Und vor allen Dingen: Da waren die U-Boote!

Das Karibische Meer, durch das amerikanische Tanker nach den Erdölhäfen Venezuelas und Mexikos liefen, gehörte zum bevorzugten Operationsgebiet deutscher U-Boote, die den weiten, vierwöchigen Weg über den Atlantik nicht scheuten, um die amerikanischen Tankerflotten anzugreifen. Aruba, und auch das Hospital, in dem er lag, schwirrte von Gerüchten, von Schreckensgeschichten, die man sich erzählte; danach hätten die deutschen U-Boote jeden Tag mehr Tanker versenken müssen, als es gab. Tatsache war, daß ein deutsches U-Boot einen auf der Reede ankernden Tanker angegriffen hatte: Die Torpedos hatten zwar das Schiff verfehlt, waren aber an der Kaimauer explodiert und hatten ein Dutzend Hafenarbeiter getötet ...

Seitdem grassierte die große U-Boot-Angst auf der Insel. Jeder Fischer glaubte Sehrohre entdeckt zu haben; Küstenwachen berichteten von U-Booten, die nachts Spione an Land setzten. Und diese große U-Boot-Hysterie war der andere Grund, warum man Kuert in die Staaten schickte; man mißtraute dem von der *Campoamor* aufgefischten Schiffbrüchigen: Stimmte seine Geschichte auch?

Er wollte ein Bootsmann der *Doggerbank* sein? Sechsundzwanzig Tage hatte er in einem Boot verbracht, war 1600 Seemeilen über den Atlantik gesegelt? Und wenn er ein U-Boot-Mann war? Vielleicht sogar der Kommandant eines deutschen U-Bootes, das versenkt worden war? Sprach er nicht dauernd von einem U-Boot in seinen Fieberträumen? Vielleicht steckte mehr hinter der Sache, und es war besser, ihn in den USA verhören zu lassen ... So also stand er hier, am 13. Juli ...

Eine uniformierte Nurse geleitete sie als erste zu der wartenden Maschine. Die Betonpiste flimmerte in der Sonne, das Metall der Maschine. Vorher hatte Kuert gefroren, aber jetzt war die Hitze überwältigend, so, als bewege er sich in einem Dampfbad. Der Schweiß brach ihm an seinem ganzen Körper aus. Damals, an Bord der *Campoamor*, schien alles so einfach gewesen zu sein: Er war gerettet, er lebte. Er würde gesund werden, die Erinnerung würde verblassen, schließlich würde er sie vergessen, die schrecklichen Bilder. Aber dann, als die Maschine abhob, als das Meer unter ihm auftauchte, das weite, endlose, geriffelte Blau, ahnte er, daß es nie zu Ende sein würde ...

35

U 43 befand sich jetzt mitten im Atlantik. Die Ausfahrt durch die Biskaya war wie immer schwer gewesen. Ständig waren feindliche Flugzeuge in der Luft gewesen, so daß U 43 nur des Nachts aufgetaucht fahren konnte.

Am 30. Juli, siebzehn Tage nach dem Verlassen von Lorient, erreichte das Boot von Kapitänleutnant Schwandtke jenes Seegebiet südwestlich der Azoren, in dem U 43 am 3. März die *Doggerbank* versenkt hatte ...

Wie damals war es ein heller, strahlender Tag. Am Morgen hatte sich U 43 mit U 403 getroffen. Neben seinen Minen für den Lagos-Einsatz hatte U 43 noch zusätzlichen Treibstoff an Bord, um zeitweise als U-Tanker, ›Milchkuh‹ genannt, zu dienen, und U 403 sollte bei diesem Treffen Öl übernehmen für seine Diesel.

Die Sonne stand hoch am Himmel. Die beiden Boote lagen nebeneinander in der langen, trägen Dünung.

Nachdem U 403 das Öl übernommen hatte, tauschten die beiden Kommandanten noch einen Gruß aus. Dann legte U 43 ab und nahm Fahrt auf.

Die Wachen waren aufgezogen. Die See war ruhig, leer. Aber die Leere täuschte. U 43 und U 403 waren bereits entdeckt. Eine Maschine – eine ›Wildcat‹ der Staffel VC 29 – hatte die beiden Boote mit ihrer neuen Kurzwellenfunkpeilung entdeckt. Sie war von dem amerikanischen Flugzeugträger *Santee* gestartet, der mit dem Geleitzug GUS IO westwärts lief.

Die ›Wildcat‹ – in der Sonne und weit genug entfernt – war selber von den Wachen auf den Booten nicht bemerkt worden. Der Pilot hatte über Funk zwei Bomber herangerufen. Die ›Avenger‹-Bomber waren sofort von der *Santee* gestartet, und die ›Wildcat‹ führte sie an ihre Opfer heran ...

Die ›Wildcat‹ kam zuerst. Sie kam aus der strahlenden Sonne. Sie stieß auf die Boote herunter. Der Pilot sah Gestalten zu den Geschützen laufen. Sie kamen nicht bis dahin. Das Maschinengewehrfeuer hämmerte über das Oberdeck des Bootes, peitschte das Wasser auf. Wie eine Sichel mähten die Geschosse die Männer auf dem Deck nieder. Der Pilot sah noch, ehe er die Maschine hochzog, daß die restlichen Männer zurück zum Turm liefen.

Beide Boote versuchten zu tauchen. U 403 tauchte schneller. Vielleicht hatte der Kommandant, Kapitänleutnant Heine, die Flugzeuge Sekunden früher entdeckt. Vielleicht lag der Grund darin, daß sein Boot leichter, manövrierfähiger war ohne die Ladung Minen, die U 43 an Bord hatte. U 403 jedenfalls war schon unter Wasser, als die beiden ›Avenger‹ wie ein paar gedrungene, plumpe Geschosse herabstießen . . .

U 403 entkam mit Beschädigungen, aber es entkam, für den Augenblick nur, um – dauernd gejagt – acht Tage später dann doch gestellt und versenkt zu werden. Nicht U 43, das Boot von Schwandtke . . .

Der Marineleutnant Robert F. Richmond flog den zweiten der ›Avenger‹-Bomber. Er war noch zweihundert Meter von dem Boot entfernt, das gerade unter Wasser schnitt. Das Oberdeck war schon von Wasser überflutet, als der ›Avenger‹ seine beiden Bomben löste und einen ›Tido‹, ein Torpedo, der sein Ziel selber findet.

Richmond zog die Maschine hoch. Durch das Seitenfenster beobachtete er das Boot . . .

Was dann geschah, kam für den Piloten selber so unerwartet, war ein so grausamer Anblick, daß er lange keine Erklärung dafür fand . . .

Die Explosion war wie ein einziges riesiges Feuerwerk, das U 43 zerriß. Wrackteile schleuderten durch die Luft, Flammen schossen auf.

Die Kette der Explosionen riß nicht ab. Der Luftdruck war so stark, daß Richmond Mühe hatte, seinen ›Avenger‹ in der Luft zu halten . . . Als er später die Stelle erneut anflog, war nichts zu entdecken als ein schmutziger Flecken Öl . . .

Dann dämmerte dem Piloten langsam die Erklärung: Minen!

Das Boot mußte Minen an Bord gehabt haben; es war

praktisch ein einziges großes Sprengstoffdepot gewesen . . .

Der Tag war der 30. Juli 1943. U 43 und seine Besatzung hatten den Tod der Männer von der *Doggerbank* um keine fünf Monate überlebt.

Und diesmal gab es keinen Überlebenden, der davon berichten konnte . . .

36

In New Orleans hatte der Überlebende der *Doggerbank* einen Rückfall erlitten; er lag mit Typhus in der Isolierstation des Militärhospitals. Drei Monate war sein Zustand ernst, dann besserte er sich. Man verlegte ihn in das geheime Verhörlager 6 oder auch ›Meade‹ genannt, das zum Kriegsgefangenenlager Fort George gehörte. Das Seltsame daran: Meade war ein Lager, in dem speziell deutsche U-Boot-Besatzungen verhört wurden. Der Verdacht, ein U-Boot-Mann zu sein, hing an Kuert wie eine Klette. Er wurde neu eingekleidet – in U-Boot-Zeug! Die Amerikaner verhörten ihn, die Engländer. Kuert blieb bei seiner Geschichte. Dann, im Oktober, ließ man plötzlich von ihm ab: Man hatte offensichtlich aus anderen Quellen die Bestätigung seiner Geschichte erhalten – die *Doggerbank*, Schiff 52, Ex-*Speybank*, war von einem deutschen U-Boot versenkt worden! Auch für den Bootsmann Kuert war es die erste Bestätigung einer Wahrheit, die er immer noch von sich ferngehalten hatte.

Fort Myer, das Lazarett Valley-Forge waren seine nächsten Stationen. Dann, Mitte Dezember 1944, teilte man ihm mit, er stünde auf der Liste der Austauschgefangenen. Wer in Deutschland hatte ihn daraufgesetzt? Wer hielt ihn, einen kleinen Bootsmann, für wichtig genug?

Kurz vor Neujahr kam er an Bord der *Charles A. Stafford*, eines vom Internationalen Roten Kreuz gecharterten Schiffes. Der Zielhafen war Marseille. Von dort sollte es mit dem Zug nach Genf gehen, wo der Austausch gegen amerikanische Kriegsgefangene stattfinden würde. Dann Deutschland. – Dort endlich würde er, Kuert, die ganze Wahrheit erfahren ... Aber wozu? Was nützte sie ihm – vor allem: Was nützte die Wahrheit den anderen? Schneidewind, Stachnovski, Bahrend, Ring, Papa Boywitt; all den anderen – sie waren tot. Wieso nützte ihm die Wahrheit? So viel Zeit war vergangen. Sagte man nicht, Zeit heilt Wunden? Warum also? Es war eigentlich nur der Gedanke, daß er der letzte Mann der *Doggerbank* war, daß er überlebt hatte, daß nur er nach Wahrheit fragen konnte, für die anderen ...

Das allein beherrschte seine Gedanken bei der Überfahrt.

Und die Angst. Das Schiff fuhr hell erleuchtet. Aber noch war Krieg. Er verbrachte die ganzen Tage und Nächte an Deck, trotz der Kälte, hielt sich in der Nähe eines der Rettungsboote, und so, wie es Jan Bahrend früher getan hatte, hielt er Ausschau nach U-Booten ...

Epilog

Es ist ein Tag im November 1961, über achtzehn Jahre nach der Versenkung der *Doggerbank*.

Das Haus, zu dem er bestellt ist, liegt in Aumühle, einem Hamburger Vorort. Eine Straße mit vornehmen Villen. Dora-Specht-Allee 1. Es klingt wie ein verschlüsselter U-Boot-Code. Und der Mann, der hier lebt, war einmal der Oberste Befehlshaber der Kriegsmarine, der Befehlshaber der deutschen U-Boote, letzter Regierungschef des Großdeutschen Reiches, Großadmiral Dönitz.

Es ist elf Uhr vormittags. Kuert, der ehemalige Bootsmann der *Doggerbank*, ist pünktlich. Doch einen Augenblick zögert er: Was will er hier – nach über achtzehn Jahren?

Dönitz selbst empfängt ihn an der Tür, führt ihn in den Wohnraum, ein freundlicher, weißhaariger Herr. Und ehe Kuert etwas sagen kann, holt Dönitz Zeitungsausschnitte hervor – die *Doggerbank?* Nein, Nürnberg, der Prozeß, Spandau, das Gefängnis ... Er spricht von dem bitteren Unrecht, das man ihm angetan hat ...

Kuert hört ihn reden, sieht ihn an, versucht sich klarzumachen: Weshalb bin ich eigentlich gekommen? Alle Fragen, die er hat stellen wollen, sie erscheinen ihm jetzt sinnlos, angesichts des Mannes dort, der nur von sich spricht, von Ungerechtigkeiten, falschen Anschuldigungen, die *er* hat hinnehmen müssen ...

Achtzehn Jahre! Er war heimgekehrt. Er hat in Hamburg in seinem Versteck das Ende des Krieges überlebt. Schiffe, auf denen er hätte fahren können, gibt es nicht mehr. Er kehrt in seine Heimat zurück. Er bekommt Arbeit in der Zeche, in der auch sein Vater arbeitet – doch er, Kuert, arbeitet über Tage, für mehr reicht seine Gesundheit nicht mehr aus. Sie bauen die zerbombte Zechenwohnung der Eltern wieder auf. Er heiratet. Drei Kinder kommen auf die Welt. Er hat überlebt.

Doch dann kommen die Briefe. Die Frau von Papa Boywitt meldet sich, die Familie Schneidewinds, die Mutter Stachnovskis, Schwestern Binders . . . Sie haben erfahren, daß es einen Überlebenden der *Doggerbank* gibt. Sie schreiben, sie bitten um Nachrichten, um die Wahrheit, die sie nie erfahren haben. Er antwortet ihnen. Die Erinnerung holt ihn ein. Wieder beginnt er nachzuforschen. Er will Schwandtke finden. Und dann erfährt er, wie der Kommandant von U 43 gestorben ist. – Wozu also – wozu ist er hier?

Der ehemalige Großadmiral und der ehemalige Bootsmann sitzen sich im Wohnzimmer gegenüber. Durch das Fenster sieht man in den gepflegten Garten . . .

»Die *Doggerbank*«, sagt Kuert. Deshalb ist er schließlich gekommen.

Dönitz schüttelt den Kopf. Mein Gott, das liegt so lange zurück! Natürlich, er erinnert sich, ja, natürlich, eine »peinliche Sache«, aber schließlich, es sei Krieg gewesen, ein harter, unerbittlicher Krieg, und *wo gehobelt wird, da fallen auch Späne* . . .

Während Kuert zuhört, kommt ihm der Gedanke, daß sie beide von ganz verschiedenen Dingen reden . . .

364 Menschen waren gestorben, elend zugrunde gegangen, aber alles, was blieb, war eine Zahl, eine kleine, unwichtige Zahl in der großen Statistik des Krieges.

»Wahrscheinlich hätten wir sie, wenn sie überlebt hätten, beide vor ein Kriegsgericht gestellt, Schneidewind und Schwandtke, und beide freigesprochen . . . Unglückliche Verkettung von Umständen . . .«

Es ist sinnlos, länger zu bleiben, ihm länger zuzuhören.

Die beiden Männer erheben sich. Dönitz tritt an einen Schreibtisch. Er lächelt, erleichtert. Er holt eine postkartengroße Fotografie hervor.

»Ich habe nur noch ganz wenige davon«, sagt er.

Eine Fotografie aus der großen Zeit. In der Uniform des Großadmirals. Mit Orden.

Er schraubt den Füllfederhalter auf, schreibt eine Widmung:

Fritz Kuert, zur freundlichen Erinnerung, Aumühle, 17. 11. 1961. Unterschrift ...

Er nimmt die Fotografie entgegen.

Zur freundlichen Erinnerung.

Was er spürt, ist Haß, zum erstenmal, ein leidenschaftlicher Haß auf alle diejenigen, die das Leben seiner Kameraden sinnlos geopfert haben. Und Bedauern und eine große Hoffnungslosigkeit.

Er geht.

Es hat zu regnen begonnen. Er geht durch den Regen über die laubbedeckte Straße, ohne sich umzusehen.

Er wartet auf dem Bahnhof. Er hat noch zwei andere Verabredungen getroffen für diesen Tag, mit zwei anderen ehemaligen Admiralen. Er wird sie nicht einhalten.

Der Zug fährt ein. Er besteigt ihn. Er weiß, er wird nicht mehr fragen. Aber er weiß auch: Es wird ihn nie loslassen, der letzte Mann von der *Doggerbank* zu sein ...

Dokumente

Der vorliegende Bericht beruht im wesentlichen auf den Aussagen des Überlebenden der *Doggerbank,* Fritz Kuert. Diese existieren als Nr. I–XX bezeichnete Tonbänder von zehn Stunden Dauer, die im Jahre 1961 aufgenommen wurden.

Die Stellungnahme des spanischen Kapitäns stammt aus dem Jahre 1949, die des Kapitäns Krage aus dem Jahr 1961. Der Bericht des Fregattenkapitäns a.D. Hessler ebenfalls aus dem Jahre 1961. Seitdem hat es keine neuen Erkenntnisse über den Untergang der *Doggerbank* gegeben.

Es kann – über dreißig Jahre nach dem Untergang des Schiffes – nicht mehr darum gehen, Schuld zuzuteilen. Es wird aber wohl niemand der Meinung von Kapitän Krage widersprechen können, daß bei der Versenkung der *Doggerbank* eine »hemmungslose Vernichtungswut« am Werk war, »die ihresgleichen sucht in der Geschichte der Seefahrt«.

Bericht des Fregattenkapitäns a.D. Günther Hessler, ehemaliger Erster Admiralsoffizier im Stab des ›Befehlshabers der Unterseeboote‹

Es war ganz klar, daß, um die Blockadebrecher heil über den Atlantik zu bringen, also durch ein Gebiet, in dem die deutschen U-Boote operierten, daß da besondere Vorsichtsmaßregeln getroffen werden mußten, um zu verhindern, daß deutsche U-Boote diese Blockadebrecher versenkten.

Sämtliche alliierten Schiffe, die über den Atlantik fuhren, fuhren abgeblendet, das heißt, ohne nachts ihre vorgeschriebenen Laternen gesetzt zu haben, mit abgeblendeten

Bullaugen und Luken. Die Blockadebrecher mußten daher ebenfalls abgeblendet fahren, da sie sonst den alliierten Warnschiffen aufgefallen wären.

Sie fuhren am Tage mit Zickzackkursen wie die alliierten Schiffe auch, um einem angreifenden U-Boot den Angriff zu erschweren. Da Flugzeuge der Alliierten über den Atlantik flogen, auch den Südatlantik und das Gebiet südlich Kapstadt überwachten, wäre ein Dampfer, der keine Zickzackkurse gefahren hätte, den Flugzeugen aufgefallen. Deswegen benahmen sich die Blockadebrecher, wenn sie rückmarschierten, genauso verdächtig oder unverdächtig wie jedes alliierte Schiff.

Bis September 1942 spielte sich der Krieg der deutschen U-Boote im wesentlichen im Nordatlantik und in ganz geringem Umfang nur im Südatlantik ab. Von Oktober 1942 an drangen die U-Boote bis in das Gebiet von Kapstadt vor und von da aus im Frühjahr 1943 in den Indischen Ozean, so daß also diese Gebiete als Kampfgebiete hinzukamen. Es ist verständlich, daß die Vorsichtsmaßregeln, die vorher nur für den Nordatlantik galten, nunmehr auf das gesamte Seegebiet des Indischen Ozeans und des Südatlantik ausgedehnt werden mußten.

Übliche Heimkehrer oder Blockadebrecher benutzten ein von der Seekriegsleitung vorgeschriebenes Seegebiet, einen mehrere hundert Seemeilen breiten Streifen, der als sogenannter ›Weg Anton‹ bezeichnet war. Dieser ›Weg Anton‹, der im Nordatlantik westlich der Azoren bei etwa 30 Grad Westlänge begann und etwa eine Breite von drei- bis vierhundert Seemeilen hatte, lief direkt in südlicher Richtung, möglichst weit von der afrikanischen Küste entfernt, dann zwischen der sogenannten Enge zwischen Natal und Freetown etwa in der Mitte dieses Gebietes, dann in südöstlicher Richtung auf das Kap zu und umrundete das Kap in etwa dreihundert Seemeilen Abstand. – Sämtliche Kommandanten der Blockadebrecher hatten eine entsprechende Karte dieses Weges ›Anton‹, die als geheime Kommandosache galt. Sie standen durch FT mit der Ersten Seekriegsleitung (I SKL) in Verbindung, die verantwortlich war für die gesamte Steuerung der in See befindlichen deutschen Handelsschiffe und Hilfskreuzer. Die I SKL wieder stand in engster Verbindung mit der II SKL, nämlich dem Befehlshaber der Unterseeboote. Die Zweite Seekriegsleitung hatte die Bezeichnung II SKL BdUOA – ›Befehlshaber der Unterseeboote‹, Operation Atlantik.

Bei der Ersten Seekriegsleitung wurden sämtliche Standorte der U-Boote mitgekoppelt. Sie wußte also jederzeit über die Standorte der U-Boote Bescheid und gleichzeitig über die Standorte der Blockadebrecher und der Hilfskreuzer. Sie wußte, wie schnell diese Schiffe laufen konnten, wenn sie auf einer langen Marschfahrt von mehr als 10000 Meilen begriffen waren, um nach Deutschland zurückzukommen. Sie gab den Kommandanten, soweit sie nicht schon geheime schriftliche Befehle in ihrem Auslaufhafen bekamen, die als geheime Funksprüche an den deutschen Marineattaché in Tokio gegangen und von diesem entschlüsselt worden waren, durch, wie sie fahren mußten und welche Gebiete des Weges ›Anton‹ zu einer bestimmten Zeit zu passieren waren. Die Seekriegsleitung unterrichtete den Blockadebrecher durch Funk und erwartete im allgemeinen nicht irgendwelche Rückantwort, weil ja beim Funken in See jederzeit die Möglichkeit der Einpeilung durch den gegnerischen Nachrichtendienst bestand.

Die Engländer und Amerikaner hatten im gesamten Indischen Ozean und im Atlantik an allen möglichen Punkten der Küste ihre Peilstationen und waren in der Lage, in wenigen Minuten den Standort eines funkenden Schiffes mitten im Atlantik oder im Indischen Ozean mit einer recht guten Genauigkeit einzupeilen. Aus diesem Grunde hüteten sich sämtliche Blockadebrecher davor, zu funken, es sei denn, daß sie vom Feind sowieso bemerkt worden waren oder irgendwelche wichtige Meldung abzugeben hatten. Nach dieser Meldung änderten sie sofort ihren Kurs in einer von den Gegnern nicht erwarteten Richtung, um etwaige Suchmaßnahmen des Gegners nach ihnen, vielleicht durch Flugzeuge, Kreuzer oder Hilfskreuzer, zu erschweren.

Auch Kapitän Schneidewind hatte derartige Anweisungen. Diese waren ihm durch Funkspruch gegeben worden. Eine dieser Nachrichten war ein am 14. Februar 43 an Schneidewind, also den Kommandanten des Blockadebrechers, erlassener Befehl, den Äquator auf keinen Fall vor dem 5. März 1943 nach Norden zu überschreiten.

Schneidewind war zu dem Zeitpunkt, wo er den Funkspruch erhielt, noch im Südatlantik und hatte im übrigen, falls er schon zu weit vorwärtsgekommen war, südlich des Äquators durchaus die Möglichkeit, sich mit geringer Fahrt aufzuhalten, da der Südatlantik wesentlich weniger überwacht wurde als der Nordatlantik.

Wenn Schneidewind den Äquator am 5. März überschritten hätte, dann wäre er frühestens am 12. März in dem Gebiet angelangt, in welchem am 3. März seine Versenkung erfolgte. Es ist möglich, daß Schneidewind den Befehl nicht aufgenommen hat, aber man weiß es nicht.

Die Seekriegsleitung warnte nun mit ihren Funksprüchen laufend die im Atlantik befindlichen Blockadebrecher ganz besonders vor Gebieten, in denen zur Zeit irgendwelche deutschen U-Boot-Operationen gegen alliierte Geleitzüge im Gange waren. Dieses Gebiet mußte jeder Blockadebrecher umgehen oder mußte so lange warten, bis der Geleitzug und die U-Boote sich entfernt hatten. Wie gut sonst dieses ganze System funktionierte, geht daraus hervor, daß die Schiffe auf dem Weg ›Anton‹ unbehelligt nach Frankreich gekommen sind. Als anderes Beispiel möchte ich anführen, daß wenige Tage vorher der Blockadebrecher ›Friedberg‹ den Weg ›Anton‹ passiert hatte. Er war am 24. Februar von drei deutschen U-Booten etwa 150 Meilen nördlich der Azoreninsel Flores auf einem dem Blockadebrecher gefunkten Treffpunkt aufgenommen worden. Die U-Boote sollten diesen Blockadebrecher nach Frankreich geleiten. Doch dieses Geleit funktionierte nicht; zwei Tage später wurde der Blockadebrecher von einem alliierten Flugzeug etwa 400 Meilen westlich der spanischen Küste gesichtet. Dieses Flugzeug holte einen großen englischen Kreuzer heran, der auf weite Entfernung dann den Blockadebrecher zusammenschoß, ohne daß es den U-Booten möglich gewesen wäre, zu einem Angriff zu kommen.

Der Vorfall jedoch insgesamt beweist, daß die Führung des Blockadebrechers durch das U-Boot-verseuchte Gebiet südlich der Azoren einwandfrei durch die planmäßig erfolgte Sperrung des Angriffes auf die Einzelfahrer gelungen war.

U 43 lief am 31. März 1943 wieder in Lorient ein. Wie alle Kommandanten, so mußte auch Schwandtke über seine letzte Fahrt Bericht erstatten. Bei diesen Besprechungen, die im April/Mai 1943 in Berlin-Charlottenburg im Hotel am Steinplatz in dem Stabsquartier des BdU stattfanden, mußte jeder Kommandant eingehend Bericht erstatten über seine ganzen Erlebnisse.

Den Vorsitz hatte meistens Dönitz selbst oder der Chef des Stabes des BdU, Admiral Godt. Wenn dieser verhindert war, war ich derjenige, der die Besprechung leitete. Im allgemeinen aber war es Dönitz selbst.

Bei dieser Besprechung wurde das Kriegstagebuch genau verfolgt, und jeder der anwesenden Stabsoffiziere stellte dann Fragen. Es bestand bei uns nach der Besprechung mit Schwandtke nicht der geringste Zweifel, daß er ein Schiff der *Dunedin Star*-Klasse versenkt hatte, vielleicht sogar diese selbst. Daß es sich dabei möglicherweise um die *Doggerbank* handelte, wurde der I SKL erst im Laufe des Mai/Juni 1943 nach sorgfältiger Suche nach irgendwelchen möglichen Verlustursachen des Schiffes klar.

Diese Ansicht wurde dann durch die aus Spanien kommende Nachricht bestätigt, daß ein spanischer Dampfer einen Überlebenden der *Doggerbank* aufgefischt und der Überlebende ausgesagt hätte, dieses Schiff sei am 3. März südlich der Azoren durch Torpedos versenkt worden.

Da keinerlei andere Versenkung an diesem Tag geschah und die von dem Kommandanten von U 43 geschilderte Silhouette etwa der der *Doggerbank* entsprach, war es damit der Seekriegsleitung wohl klar, daß es sich um dieses Schiff gehandelt haben konnte. Nachdem die Mitteilung aus dem Ausland gekommen war, daß ein Überlebender der *Doggerbank* aufgefischt worden sei, wurden alle in dem betreffenden Zeitraum erfolgten Versenkungen überprüft, und wir kamen zu dem Ergebnis, daß U 43 die *Doggerbank* versenkt haben mußte. Da den Kommandanten keinerlei Schuld traf, denn er hatte ja so gehandelt, wie jeder andere auch gehandelt haben würde, er hatte ja auch keinerlei Befehle erhalten, auf Blockadebrecher zu achten, wurde nach gemeinsamen Absprachen mit der I SKL von der Durchführung einer kriegsgerichtlichen Untersuchung gegen Schwandtke abgesehen. Hier war es wohl allen verantwortlichen Stellen klar, daß der Kommandant keine Schuld hatte. Und da er ja wieder auf Feindfahrt gehen mußte, sah man dann davon ab, daß man ihn vor ein Kriegsgericht stellte. Daß man Schwandtke nicht vor ein Kriegsgericht stellte, ist auch aus einem anderen Grunde verständlich. Die Beanspruchung gerade der jungen Kommandanten auf einer Feindfahrt im Zeitalter des zusammenbrechenden U-Boot-Krieges war ungeheuer. Der U-Boot-Krieg kam am 25. Mai 1943 praktisch auf dem Nordatlantik zum Erliegen, denn an diesem Tage gaben wir den U-Booten Befehl, in ihre Heimathäfen zurückzukehren. Wir haben dann wieder im Juni/Juli den U-Boot-Krieg im Südatlantik aufgenommen lediglich in der Absicht, zunächst die Zeit zu überbrücken, bis wieder neue, verbesserte Typen von U-Booten mit besseren Waffen verfügbar waren.

Die Kommandanten also, die zu dieser Zeit in See gingen – Juni 1943 –, hatten draußen auf dem Atlantik ein schweres Brot oder wie man es heute ausdrückt, die Hölle zu erwarten.

Kapitän Schneidewind, der Kapitän der *Doggerbank*, hatte mit solcher Umsicht und mit großem taktischem Geschick auf der Ausreise nach Japan Minen auf der Agalhas-Bank gelegt, obwohl er dreimal erfaßt wurde, daß ihm auf der Heimreise nach Europa wieder eine Sonderaufgabe zugetraut wurde.

Während sich alle Blockadebrecher möglichst in der Mitte des südlichen und mittleren Atlantik hielten und 1942/43 dieses Gebiet auch noch einigermaßen sicher passierten, wurde das Aus- und Einlaufen zwischen den Azoren und der Biskaya immer schwieriger. Soweit ich mich erinnere, war die *Doggerbank* das letzte Schiff dieser Wintersaison, das in Westfrankreich erwartet wurde. Sie sollte abweichend von der bisherigen Reiseroute wesentlich weiter ostwärts nach Norden marschieren und sich etwa wie ein Westafrika-England-Einzelfahrer verhalten, die in dieser Zeit zumindest bis in Höhe Gibraltar, oft aber auch weiter nicht im Geleit fuhren.

Die *Doggerbank* ex *Speybank* gehörte zu einer Klasse englischer Schiffe, von denen zahlreiche gleichgebaute auf dem Atlantik fuhren. Schneidewind wurde zugetraut, diese heikle Aufgabe zu erledigen. Während der Reise, nach Verlassen Niederländisch-Indiens, wurde er durch mehrere eingehende Funksprüche in diese Aufgabe eingewiesen. Die Wahl seines Kurses wurde ihm anheimgestellt mit der Empfehlung, in kritischen Gebieten nahen Abstand zu den verschiedenen spanischen Territorien zu halten. Die Seegebiete, die wegen der *Doggerbank* für eigene U-Boote gesperrt wurden, wurden rechtzeitig übermittelt. Der von SKL gekoppelte Standort der *Doggerbank* wurde ihr als ungefährer Anhalt mitgeteilt. Das Überschreiten des Äquators wurde erst zu einem ganz bestimmten Datum erlaubt und zehn Tage vorher diese Weisung ausgegeben.

* Der Zeuge möchte ungenannt bleiben.

Die Bemerkung des Bootsmannes Kuert, daß die *Doggerbank* ein U-Boot-Geleit zu erwarten gehabt habe, stimmt in keiner Weise. Kuert konnte das nicht wissen. Es bleibt auch heute noch unverständlich, wie Kapitän Schneidewind so frühzeitig in ein Gebiet eintreten konnte, das für U-Boot-Operationen freigegeben war. Er muß auf der Heimreise ständig fast einen Knoten mehr gelaufen sein als auf der Ausreise, er muß ständig günstige Strömungen gehabt haben, sonst könnte er nie so weit nördlich gestanden haben. Augenscheinlich hat Schneidewind auf sein Glück vertraut und den Befehl, den Äquator nicht vor einem bestimmten Datum zu überschreiten, in den Wind geschlagen, weil er nach Rückkoppeln bei Empfang dieses Funkspruches gerade den Äquator nach Norden überquert haben muß. Ich habe seinerzeit meine Funksprüche, meine Überlegungen und mein Koppeln der *Doggerbank* genau nachprüfen lassen, ich glaube von der II SKL, weil ich mir den Vorwurf machen mußte, die *Doggerbank* durch falsches Koppeln in den Untergang geführt zu haben. Diese Nachprüfung kam zu dem gleichen Ergebnis wie meine Maßnahmen, so daß das Verhalten von Schneidewind unerklärlich bleibt, zumal er südlich des Äquators, aber auch noch in Höhe des Äquators hätte funken können. Denn ihm mußte durch meine Funksprüche klar gewesen sein, daß ich ihn weit zurückkoppelte. Dieses Nichtfunken ist mir um so unverständlicher, als Schneidewind in der Nacht vor seiner ersten Minenunternehmung durch Kurzsignal einen fehlenden Funkspruch angefordert hatte. Er beherrschte also dieses Metier.

Dann blieb das Schiff verschollen, keine gegnerische Meldung deutete auf seine Vernichtung, eigene U-Boot-Erfolge gaben keinen Anhalt auf eine versehentliche Versenkung. Die SKL stand vor einem Rätsel. Viele Wochen später, ich glaube, es war fast ein Vierteljahr vergangen, schickte der deutsche Marineattaché in Spanien einen Bericht eines spanischen Kapitäns, der auf der Reise nach Venezuela in einem treibenden Boot mehrere Tote und noch einen Lebenden aufgenommen hatte, das letzte und einzige Zeichen der *Doggerbank.* Der Überlebende berichtete, daß die *Doggerbank* am 3. März 1943 nachts von einem deutschen U-Boot versenkt worden sei. Der Überlebende ist damals von alliierten Behörden festgehalten worden, so daß die SKL von ihm keine weiteren Nachrichten erhalten konnte.

Standort und Datum schienen der SKL ganz unglaubwürdig, die *Doggerbank* hätte danach schneller gelaufen sein müssen als auf der Hinreise, und sie hätte den klaren Befehl, den Äquator nicht vor einem bestimmten Datum zu passieren, völlig mißachtet. Beides schien kaum wahrscheinlich. Trotzdem wurden vom BdU-Stab die KTBs der U-Boote, die zu dieser Zeit Erfolge gemeldet hatten, geprüft, mit dem Ergebnis, daß drei Versenkungen vielleicht mit der *Doggerbank* identisch sein konnten, obwohl die Schiffsgrößen in keiner Weise stimmten.

Eine Befragung der Kommandanten ergab, daß die U 43 tatsächlich die *Doggerbank* versenkt hatte, an einem Ort, der ziemlich genau 11 Tagereisen nördlicher lag, als die SKL frühestens koppelte. Die Versenkung erfolgte in dunkler Nacht, Schiffstyp und -größe wurden von dem Kommandanten stark verschätzt, so daß seine KTB-Eintragungen zuerst gar nicht mit der *Doggerbank* in Deckung zu bringen waren.

Im KTB der SKL wird später eine kurze Notiz über die Aufklärung des Verschollenseins der *Doggerbank* gestanden haben.

Alle hier geschilderten Einzelheiten waren als Aktennotizen in einer Handakte in meinem Büro im OKM, wo sie restlos verbrannt sind.

Bericht des Kapitäns Friedrich A. Krage, ehemaliger Kommandant der ›Ärmeland‹ und ›Weserland‹ und anderer Blockadebrecher

Als Blockadebrecherkapitän und Führer des ersten von Japan aus zum Durchbruch eingesetzten Schiffes weiß ich zu erinnern, daß für diesen ersten Durchbruch keine absolut festgelegten Zeitpunkte zum Durchfahren festgelegter Strecken angeordnet waren in dem mir vom Kommandanten des H. K. ›Orion‹ mitgegebenen Marschbefehl.

Ich bekam zweimal Funkorder von der SKL (Seekriegsleitung). Das erstemal zum Treffen mit dem Marinetanker *Altmark* (und dieser Befehl war so unklar, daß ich berechtigt gewesen wäre, ihn unbeachtet zu lassen; nach vielen Gewissensbissen entschloß ich mich dennoch, die *Altmark* anzusteuern, und alles war so richtig). Das zweitemal bei den Azoren (auch diesen Befehl konnte ich nicht ausführen, da er Unstimmigkeiten enthielt). Ich möchte hiermit sagen, wie schwer die Befehlsübermittlung in den ersten Jahren des Krieges gewesen ist.

Ferner darf man nicht vergessen, daß ein Dampfer auf so langer Fahrt allen möglichen Zwischenfällen ausgesetzt ist, wie zum Beispiel Maschinenschaden, Ausweichen bei Begegnungen, Wind und Wetter und dergleichen, so daß ein festes Einhalten von Zeitpunkten und Fahrtstrecken von vornherein unmöglich ist, und drahtlose Meldungen vom Schiff durften nicht gemacht werden.

Ich bekam auf meiner ersten Blockadefahrt bei Abgang von Japan 10000 amerikanische Dollar mit für eben den Fall, daß das Schiff wegen Maschinenschadens einen neutralen Nothafen hätte anlaufen müssen, ein Zeichen, daß die SKL mit allen zu erwartenden Möglichkeiten im voraus rechnete. Erst *nach* dem Fall *Doggerbank* wurde auf strenges Einhalten von Abschnitten und Zeitpunkten gedrungen, man zog die Lehre. Hätte die SKL den Kapitän Schneidewind mit dem nötigen Nachdruck auf die Gefahr des Überschreitens bestimmter Strecken und Zeitpunkte hingewiesen, dann wäre der gewissenhafte Schneidewind niemals von der vorgeschriebenen Marschroute abgewichen. Doch, wie gesagt, die SKL mußte wissen, daß ein Schiff auf so langer Fahrt oftmals technisch nicht in der Lage ist, nach Plan und Vorschrift zu manövrieren. Und gerade für diesen Fall hätten zwischen Blockadebrecher und Kriegsschiffen unbedingt gültige Erkennungszeichen und Signale vereinbart sein müssen.

Nun zum Fall *Doggerbank:* Das U-Boot mußte überrascht gewesen sein, zu jener Zeitperiode (1943) einen Einzelfahrer anzutreffen, da doch damals schon alle alliierten Schiffe, wenigstens im Nordatlantik, in Konvois fuhren. Warum hat der U-Boot-Kommandant keinen Verdacht geschöpft und sich gesagt: »Dieses Schiff muß erst ausgekundschaftet werden, da es uns bemerkt hat und trotzdem nicht zu entkommen sucht und keine Zickzackkurse steuert, sondern im Gegenteil langsam fährt und versucht, Verbindung mit uns aufzunehmen.« Jeder normal und gewissenhaft überlegende U-Boot-Kommandant hätte unter solchen Umständen erst versucht, vor dem Versenken das Rätsel zu lösen und die Nationalität des seltsam manövrierenden Gegners herauszufinden, was bei dem herrschenden Wetter und der Abwesenheit von feindlichen Flugzeugen verhältnismäßig leicht und ohne Gefahr für das U-Boot möglich gewesen wäre. Auch hätte ich mich als erfahrener U-Boot-Kommandant, ausgerüstet mit den besten Ferngläsern, an den vielen Menschen auf dem anderen Schiff gestoßen.

Alle oben angeführten Umstände im rechten Licht betrachtet und die um die Zeit der Versenkung gegebene Lage der beiden Schiffe fachmännisch eingeschätzt, kann man nur zu dem einen Resultat kommen: Der U-Boot-Kommandant war seiner Aufgabe nicht gewachsen, er ist einzig und allein für den verhängnisvollen Abschuß schuldig zu erklären.

Die SKL hat insofern ihren Anteil von Mitschuld an dem Unglück, indem sie es offenbar versäumt hat, den U-Boot-Kommandanten in vollem Umfang die nötigen Erklärungen und Anweisungen einzupauken, daß immerhin mit der

Möglichkeit einer Begegnung mit einem Blockadebrecher auch in den verbotenen Quadranten gerechnet werden mußte.

In Anbetracht dessen, daß die *Doggerbank* bei ruhigem Wetter mit halber Kraft einen geraden Kurs steuerte und infolgedessen für das U-Boot ein äußerst bequemes Ziel bot (hier sagt man: she was a sitting duck = eine sitzende Ente), ist es unverständlich, wieso Schwandtke (Kommandant von U 43) es für nötig hielt, einen dreifachen Schuß auf den vermeintlichen Gegner abzufeuern, da doch mit einem einzigen, wohlgezielten Torpedo das Schicksal der *Doggerbank* auch besiegelt gewesen wäre. Dieses Verfahren hätte den zweifachen Vorteil gehabt, Torpedos zu sparen und hätte die Mannschaft wegen des langsamen Absinkens ihres Schiffes alle Rettungsboote zu Wasser bringen lassen, und am Ende wäre vielleicht kein Menschenleben zu beklagen gewesen.

Und als die *Doggerbank* in acht Minuten von der Bildfläche verschwunden war, hätten nun nicht das Gewissen des Siegers schlagen und die tief innerlich menschlichen Gefühle die Oberhand gewinnen müssen? Und war es überdies nicht vom rein kriegerisch-politischen Standpunkt aus ein Gebot des Augenblicks, wenigstens einen Überlebenden aus dem Wasser zu fischen, um die Nationalität des Dampfers mit Bestimmtheit festzustellen? Das U-Boot tauchte auf, und die drei Offiziere an Deck sahen nun, da es noch nicht ganz dunkel war, deutlich Menschen, wie auch diese Überlebenden das sich langsam nähernde U-Boot ausmachen konnten. Aber alle Hilferufe der in Todesangst ums Leben kämpfenden Menschen verhallten im Leeren. Wahrlich, eine zum Himmel schreiende Mißachtung primitivster menschlicher Gefühle, eine an verbrecherische Rohheit grenzende Entfaltung hemmungsloser Vernichtungswut, die ihresgleichen sucht in der Geschichte der Seefahrt.

Bericht des spanischen Kapitäns Joaquin Diaz, ehemaliger Kapitän der ›Campoamor‹ (Übersetzung aus dem Spanischen).

Die spanischen Schiffe, die in diesem Zeitraum (1943) nach Amerika fuhren, hatten von der Behörde der spanischen Marine die Weisung, im Einvernehmen mit den kriegführenden Ländern, 500 Meilen vor der amerikanischen Küste durch den Korridor zwischen 15° und 16° Breite Nord und 50° Länge West zu fahren, um dann durch die Enge von Martinique in das Karibische Meer einzulaufen. In diesem Korridor befanden wir uns, der Tanker *Campoamor,* welcher der CAMPSA, Madrid, gehörte und auf seiner Fahrt nach Aruba war.

Am 29. März 1943, um 13.05 Uhr wurde auf 15° 31 Nord und 51° 21 West ein Boot gesichtet, und zwar vom Offizier, der in dieser Zeit Wache hatte.

Wir konnten feststellen, daß es sich um ein kleines Boot handelte; es hatte ein Segel an Bord, das sich in der Sonne spiegelte.

Wir beobachteten das Boot, und um 13.40 Uhr ließ ich die Maschinen stoppen. Wir stellten fest, daß eine lebende Person an Bord war. Ich gab den Befehl, sie mit größter Sorgfalt an Bord zu nehmen, mit Hilfe eines Netzes, das wir an Bord hatten. Dieses Netz war gemacht worden, als wir im Golf von Morrosquillo im Hafen von Govenas (Kolumbien) vor Anker lagen, um in jener Reede zu fischen, da wir 40 Tage auf die Ladung warten mußten und nicht über genügend Nahrung verfügten.

Sie (gemeint ist der Schiffbrüchige, Fritz Kuert) wurden ins Krankenzimmer gebracht. Sie hatten das Bewußtsein verloren; man mußte jeden Moment Ihr Ableben befürchten. Ich gab dem Funker den Befehl, einen Notruf durchzugeben: »SOS – Kranker an Bord«. Auf diesen Appell hin meldeten sich verschiedene alliierte Kriegsschiffe und spanische. Ich wählte das spanische Schiff, in der Meinung, daß Sie damit besser versorgt seien. In der Tat, der Arzt der *Cabo de Hornos* half mir, sagte allerdings, der

Fall klinge verzweifelt, aber eine kleine Hoffnung bleibe immer.

Ihr Körper war nur mit einem ganz durchlöcherten Hemd und einer kurzen Hose bedeckt. Der ganze Körper war voller Wunden. Den über Funk durchgegebenen Anordnungen des Arztes folgend, erreichten wir Ihre Rettung. Sie erzählten mir, als Sie das Bewußtsein wieder erlangten, Ihr Schiff hieß *Doggerbank.* Es kam aus dem Orient und fuhr Richtung Deutschland um das Kap. In der Nähe der Azoren wurde es von einem Unterseeboot torpediert. Sie und 12 andere Besatzungsmitglieder mit dem Kapitän konnten sich in eine Jolle retten, die unversehrt geblieben war.

Ihr Schiff, die *Doggerbank,* hatte kriegswichtiges Material und Rohgummi an Bord und war bewaffnet.

Zwei oder drei Tage nachdem Sie auf dem kleinen Boot waren, kam ein heftiger Sturm auf, und als Folge davon erlitt das Boot Schiffbruch. Der Kapitän, welcher die Situation erfaßte, sagte Ihnen, wo Sie sich befanden und daß es unmöglich sei, sich zu retten; es sei aussichtslos, weiterzumachen. Ihre Gefährten verlangten vom Kapitän, daß er sie erschieße, was der Kapitän auch tat. Als Sie und noch ein anderer an der Reihe waren, sagten Sie, daß Sie Hoffnung hätten, sich zu retten. In der Folge erschoß sich der Kapitän, so daß nur noch Sie und ein anderer blieben; dieser andere verstarb nach 22 Tagen, so daß Sie der Letzte waren.

In dem Rettungsboot, auf der Ruderbank, fanden wir 26 eingeschnittene Kerben; das bedeutete, daß Sie 26 Tage auf dem Boot waren. Im Boot wurden außerdem eine Pistole, ein Messer und Blutspuren gefunden. Das Boot ließen wir treiben, die Pistole warf ich ins Wasser, das Messer bewahrte ich auf.

Nach Ihren Angaben war der Kapitän verheiratet, hatte Kinder und wohnte in Hamburg. Sie gaben mir die Adresse. Sie sagten mir, daß Sie es vermutlich noch zwei bis drei Tage ausgehalten hätten, falls wir nicht gekommen wären, Sie zu retten. Als ich Sie im Krankenzimmer untergebracht hatte, fuhr ich weiter. Sie erlangten das Bewußtsein, als wir bei Martinique vorbeifuhren. Ich rief über Radio die Behörden von Aruba an. Ihr Zustand war immer noch kritisch, und notgedrungen mußten Sie in ein Spital eingeliefert werden. Während der Tage, da Sie an Bord waren, bekamen Sie nur Nahrung nach den Weisungen des Arztes; kleine Rationen Wasser mit einem Kaffeelöffel, vermischt mit einigen Tropfen Cognac. Auf der *Campoamor* erhielten Sie Kleider und persönliche Utensilien. Die ganze Mannschaft machte sich Sorgen um Sie und wünschte inständig Ihre vollständige Genesung.

Als Sie in Aruba landeten, wurden Sie hospitalisiert und später als Kriegsgefangener in die Vereinigten Staaten gebracht.